APRENDE A DECIR NO DE UNA P*NCHE VEZ

SARAH KNIGHT

DIANA

Título original: *F*CK NO!: How to Stop Saying Yes When You Can't, You Shouldn't, or You Just Don't Want To*

Copyright © 2019 por MCSnugz, Inc.
Esta edición se publica por acuerdo con Little, Brown and Company, Nueva York, Nueva York, EE. UU. Todos los derechos reservados.

Traducción: Laura Mier
Formación: Alejandra Romero
Diseño de portada: Planeta Arte & Diseño / Stephanie Iraís Landa Cruz
Ilustraciones de portada: © Getty Images

Derechos reservados

© 2026, Editorial Planeta Mexicana, S.A. de C.V.
Bajo el sello editorial DIANA M.R.
Avenida Presidente Masarik núm. 111,
Piso 2, Polanco V Sección, Miguel Hidalgo
C.P. 11560, Ciudad de México
www.planetadelibros.us

Primera edición impresa en esta presentación: abril de 2026
ISBN: 978-607-39-3838-9

No se permite la reproducción total o parcial de este libro ni su incorporación a un sistema informático, ni su transmisión en cualquier forma o por cualquier medio, sea este electrónico, mecánico, por fotocopia, por grabación u otros métodos, sin el permiso previo y por escrito de los titulares del *copyright.*

Queda expresamente prohibida la utilización o reproducción de este libro o de cualquiera de sus partes con el propósito de entrenar o alimentar sistemas o tecnologías de Inteligencia Artificial (IA).

La infracción de los derechos mencionados puede ser constitutiva de delito contra la propiedad intelectual (Arts. 229 y siguientes de la Ley Federal del Derecho de Autor y Arts. 424 y siguientes del Código Penal Federal).

Si necesita fotocopiar o escanear algún fragmento de esta obra diríjase al CeMPro (Centro Mexicano de Protección y Fomento de los Derechos de Autor, http://www.cempro.org.mx).

Impreso en los talleres de Corporación en Servicios
Integrales de Asesoría Profesional, S.A. de C.V.,
Calle E # 6, Parque Industrial
Puebla 2000, C.P. 72225, Puebla, Pue.
Impreso y hecho en México / *Printed in Mexico*

Para Robert Ray Knight.

Algún día aprenderás la palabra con «p», chico.
Da igual si te la digo yo

ÍNDICE

LO QUE EL MUNDO NECESITA AHORA ES UN «NO», UN «NO» ROTUNDO

¿Por qué es tan jodidamente difícil decir «no»?

¿Cómo es posible que pronunciar una sola palabra se haya vuelto más difícil que todas las cosas que acabamos haciendo porque no pudimos, no quisimos o sentimos que no debíamos... simplemente negarnos de forma educada?

¿Qué nos hace llenar nuestras agendas y vaciar nuestras cuentas bancarias en vez de simplemente decir: «No puedo», «Hoy no» o «Lo siento, pequeña, pero no me gustan las galletas de las *scouts*. Saben a arena»?

He pensado mucho en estas preguntas desde que escribí mi primer libro, *La magia de mandar todo a la chingada*. Durante años, he proclamado mi credo en librerías, pódcast y entrevistas de televisión y radio de todo el mundo: **tienes derecho a vivir según tus propios términos.** Puedes rechazar eventos, tareas, gastos, obligaciones o incluso relaciones que no te hacen feliz, y no tienes por qué sentirte culpable por hacerlo. En otras palabras: **está bien decir «no» cuando te dé la gana, a quien te dé la gana, y no tienes que sentirte tan jodidamente mal por eso.**[1]

La pregunta que más me hacen los lectores, oyentes y desconocidos en los mensajes directos de Instagram es esta:

Entiendo que me estás diciendo que está bien decir que no, pero ¿cómo lo hago? Literalmente, *¿CÓMO?*

Quizá te estés preguntando lo mismo. De hecho, supongo que elegiste *Aprende a decir no de una p*nche vez* porque estás buscando formas de salvar esa enorme brecha entre **el deseo de decir «no» y la presión de sentir que tienes que decir «sí».**

Quizá estés sintiendo la presión de tener demasiadas tareas en el trabajo, demasiados proyectos en la escuela o demasiado trabajo emocional en casa.

Quizá, como mi amiga Lauren, hayas gastado un montón de dinero en tarifas de *roaming* en el extranjero porque no pudiste decirle que no al Comité Nacional Demócrata cuando te llamaban con una grabación una y otra vez durante tus vacaciones.

Quizá intentaste una o dos veces decir «no» cuando era algo que realmente te importaba, y no salió muy bien. Hubo miradas de reprobación, sentimientos de culpa o lágrimas, y

---

[1] Estoy tan convencida de esto que inventé toda una estrategia —el método #NoMeArrepiento— para lograrlo. Más adelante te cuento más sobre esto.

acabaste cediendo, **resignándote a una vida de «síes» porque es «más fácil» en el momento.**

Ay, querido. No.

Pero mira, lo entiendo. Aunque escribí un libro completo sobre el cual la revista *Real Simple* —cuyo nombre es muy acertado— dijo que «te alegrará el espíritu y despejará tu agenda, liberando tiempo y energía para ti (y tu cuenta de Netflix)», reconozco que *La magia de mandar todo a la chingada* se centraba principalmente en **llegar al «no» en tu mente.**

Y como necesitas ser capaz de decirte «no» a ti mismo antes de decírselo a los demás, *Aprende a decir no de una p*nche vez* reforzará algunas de estas buenas prácticas. Entre los conceptos más nuevos y tajantes, ofreceré pequeñas introducciones sobre los ***«fuck bucks»* y cómo presupuestarlos, el orden mental, las políticas personales** y el placer sin culpa favorito de todos: **mi método #NoMeArrepiento.**

Luego voy a dar un gran paso más allá, a la **aplicación real, viva y práctica,** que es **decirles «no» a los demás en su cara** (y en el buzón de voz, en la bandeja de entrada, en las tarjetas de confirmación de asistencia preimpresas y en muchos otros lugares).

Oh, *SÍ*.

Pon mucha atención a lo que te voy a decir: tienes en tus manos una auténtica **enciclopedia de ejemplos** con un **montón de respuestas ingeniosas y educadas.** Hay al menos 415 formas diferentes de decir *no, nein* y *non merci,*[2] ¡incluye tablas y esquemas!, así como un ejercicio para llenar los espacios en blanco,

---

[2] Hay muchos más, pero me cansé de contarlos.

similar al Mad Libs™,[3] pero que no se llama Mad Libs™ porque ese nombre le pertenece a otra persona.

Desde las preocupaciones diarias de añadir eventos a tu calendario y tareas a tu lista de pendientes, y las perspectivas poco frecuentes, pero no menos pesadas, de tener que planificar la reunión número 25 de la preparatoria solo porque fuiste jefe de grupo —checa el calendario— hace 25 años, o llevar a cabo un proyecto demasiado grande en un plazo demasiado corto; hasta la rara petición de ser el donante de esperma de tu mejor amigo. **Si QUIERES decir que no, pero no encuentras las palabras para DECIRLO de verdad, definitivamente, será un placer ponerlas en tu boca.**

¿Te han invitado a la fiesta de cumpleaños de un perro, por casualidad?

¿O te han pedido que trabajes extra sin que te paguen más?

¿Tu casero quiere subirte la renta pero no arreglar el bóiler?

¿Un estilista demasiado entusiasta te está presionando para cambiar tu *look*?

¿Tus padres quieren que al menos *consideres* quitarte ese tatuaje antes de la boda de tu hermana?

---

[3] Mad Libs es un juego de palabras creado por Leonard Stern y Roger Price. Consiste en que un jugador solicite a otros una lista de palabras para sustituir los espacios en blanco en una historia antes de leerla en voz alta. (*N. de la t.)*.

No te preocupes, te enseñaré **cómo decir un «no» firme pero amable** a todas estas peticiones que te sacan de quicio, y mucho más.

Yo digo que no todo el tiempo: a mis amigos y familiares, a clientes potenciales y a productores que quieren que me levante antes de las 10:30 a. m., mi hora habitual, para aparecer en sus programas de radio matutinos con tres husos horarios de diferencia. A veces propongo una alternativa; otras, simplemente digo que no. En cualquier caso, la práctica hace al maestro, y este libro recoge todos mis archivos de *No*, uno de los cuales seguro aplica a ese *bar mitzvah* que llevas 12 años intentando evitar.

Sí, últimamente decir «no» es algo así como mi especialidad. Pero mi vida no siempre fue *¡No, gracias!* y *¡A la chingada!*

No, no lo era.

SÉ DE LO QUE HABLO

Antes de convertirme en una reconocida establecedora de límites a nivel internacional, **era la típica persona que decía «sí» cuando realmente quería decir «no»,** y luego me preguntaba por qué demonios había pensado que decir: «¡Claro, puedo organizar tu *baby shower*!» era más fácil y mejor que simplemente encontrar una forma amable de rechazar la invitación (si conoces mi trabajo, este ejemplo *en particular* debería darte una idea de que no estaba en mi estado mental actual de «me importa un carajo»).

A mis treinta y tantos era una persona que siempre quería complacer a los demás. Todos los días me oías decir: «Sí, no hay problema» y «¡Va, puedo hacerlo!».

Incluso cuando era un problema y *no podía* hacerlo.

O *no debía* hacerlo.

O simplemente *no quería* hacerlo.

A veces me sentía impotente ante la presión de mis amigos. **En ocasiones, me presionaba demasiado a mí misma** y muy a menudo no escuchaba esa vocecita en mi cabeza que me repetía que decir que sí era una mala idea; lo decía de todos modos y esperaba que no fuera *tan* malo.

Lector, casi siempre era *así* de malo.

Una lista rápida de las cosas que lamento haber aceptado durante esas primeras tres décadas y cacho que desperdicié incluye:

- Hacer la tarea de otros.
- Mentir para proteger a un amigo.
- Tener relaciones sexuales con alguien horrible.
- Hacer senderismo.
- Comer sushi.
- Aceptar trabajos malpagados.
- Crear un sello editorial de ciencia ficción condenado al fracaso en la última editorial para la que trabajé.
- Dejar que otra persona comprara mis boletos de avión, lo que me llevó a viajar de Montana a Nueva York con escala en Seattle.

De verdad, no has vivido hasta que pasas dos horas volando hacia el oeste pegada a una señora paniqueada, con una enfermedad que sepa la chingada qué es y a la que se le olvidó su medicina, para luego aterrizar en Sea-Tac con una escala de cinco horas antes de volver a cruzar el país en un vuelo nocturno a Newark.

Al final, todos esos «síes» de los que me arrepiento, y miles más, se juntaron hasta que llegué a mi límite. No diría que «perdí el control», pero sí que dejé mi trabajo de 15 años como editora de libros en Nueva York para hacerme *freelancer* y mudarme a un pueblito del Caribe donde hay como 8.6 millones menos de personas que podrían pedirme que haga algo por ellos en un día cualquiera.[4]

Mientras hacía esos cambios importantes en mi vida, me di cuenta de que estaba diciendo algunos **«noes» existenciales importantes:** a las expectativas que tenía desde hace mucho sobre mi carrera y mi futuro; al ritmo y la presión de la ciudad, pero también a la comodidad y la conveniencia del primer mundo; al frío; y a volver a ponerme Spanx por cualquier motivo.

Irónicamente, fue solo después de hacer todo ese trabajo pesado cuando me di cuenta de **cuántos (pista: MUCHOS) «noes» más pequeños, pero no menos importantes, había sobre la mesa:**

¿Añadir algo que no necesito a mi lista de pendientes? *No.*

¿Anotar algo que no quiero hacer en mi agenda? *No, gracias.*

---

[4] Si aún no conocías esa parte de mi historia, ahora ya tienes el contexto cuando empiece a hablar de «mi antigua vida corporativa» y de las abundantes palmeras, lagartijas y gatos ferales que habitan actualmente en mi jardín.

¿Gastar un montón de dinero en algo que no me gusta? *¡Por supuesto que no!*

Para ser justos, tal vez cuando dejas un trabajo, una casa y un país en solo seis meses, te vuelves un poco impulsiva, pero tengo que decir que este enfoque me ha funcionado bien. Mi vida ahora no solo está libre de cosas que no puedo, no debo o no quiero hacer, sino que **tengo más oportunidades de decir un *¡sí!* sincero y entusiasta a cosas que me parecen interesantes, atractivas e importantes**, y de hacerlas felizmente y bien.

Por ejemplo, al dejar el horario estricto de la vida corporativa, he podido hacer nuevos amigos en mi nueva ciudad durante comidas sin prisas en medio de mi jornada laboral, que yo misma organizo. Al dedicar menos energía mental a las pequeñas quejas de la oficina, he podido usar más para aprender español. Y al gastar menos en el privilegio de vivir en Nueva York, he podido invertir más en causas que admiro. Todos son resultados increíbles.

Lo más importante es que, desde la gran crisis personal y profesional que viví en 2015, he publicado cinco guías para mandar todo a la mierda, dos diarios y **un calendario de una página al día lleno de consejos con palabrotas sobre salud mental y felicidad** (el periódico *The Observer* me llamó la Antigurú, un apodo que me parece perfecto y divertido). Esto ha sido tanto un sueño hecho realidad como una prueba de mi capacidad para decir «no» cuando lo necesito. Al final, como todas mis tonterías autorizadas por la editorial se producen bajo un calendario bastante exigente, no estoy mucho menos ocupada que cuando me la pasaba complaciendo a los demás para ascender en la jerarquía corporativa de Nueva York.

«¡Ajá! —estarás pensando—. Dijiste que no y acabaste justo donde empezaste. ¡No hay esperanza para el resto de nosotros!».

No tan rápido, Carl Lewis.[5]

Sí, sigo ocupada con **cosas que *quiero* y *necesito* hacer.** La diferencia es que ahora **me siento cómoda diciendo que no a todas las demás cosas** que harían mi vida *aún más ajetreada* o *menos agradable.*

Podría seguir dejando que los sentimientos de culpa y obligación me empujen a decir que sí a todas las invitaciones que recibo o a todos los favores que me piden cuando tengo una fecha límite y, tal vez, aun así, entregaría mis libros a tiempo porque soy una perfeccionista tipo A que es incapaz de no hacerlo; pero, mientras tanto, sería muy infeliz.

¡No, gracias!

Y **decir que «no» no es solo sacrificar la diversión o ignorar las necesidades** de los demás porque no puedes decir que sí sin arruinar tu propia vida.

Eso es solo el principio.

Decir «no» es **establecer y proteger todo tipo de límites, incluso cuando técnicamente *podrías* decir «sí», pero no *deberías*** (véase más arriba: «Podría cumplir con el plazo, pero me sentiría muy mal mientras tanto») o, francamente, **podrías, pero *simplemente no quieres.***

---

[5] Carl Lewis es un atleta estadounidense especialista en pruebas de velocidad y salto de longitud que ganó 10 medallas olímpicas durante su carrera deportiva. Lewis estuvo activo en el periodo 1984-1996. (*N. de la t.).*

Así es, ranas y sapos: digo «no» a las invitaciones, las actividades, las vacaciones y las ofertas objetivamente encantadoras y tentadoras, no porque tenga algo mejor o *más importante* que hacer, sino porque NO. QUIERO. HACER. *ESO.*

¿Sigo sintiendo un poco de culpa cuando mis amigos me invitan a cenar y, en vez de decir que sí porque es un detalle amable de su parte y probablemente será divertido y no tengo nada mejor que hacer, digo que no porque, sinceramente, prefiero comerme un bote entero de hummus e irme a la cama a las nueve de la noche con media pastilla para dormir y una capa gruesa de crema hidratante para los ojos? Claro que sí. Los antigurús también son seres humanos.

Como con cualquier cosa que requiera fuerza de voluntad —seguir una dieta o un plan de entrenamiento, dejar de fumar o no estrangular a alguien que mastica ruidosamente— **trato de enfocarme en los beneficios a largo plazo,** incluso cuando se siente difícil, mal o poco natural a corto plazo. Además**, ya no veo el «no» como algo negativo** (decepcionar a la gente, rechazar a amigos, perderme la diversión); **lo veo como algo positivo** (relajarme, tener tiempo para mí, dormir o terminar el trabajo, sea lo que sea).

Es una revelación, te lo aseguro.

A base de prueba y error, y animada por los frutos de mis primeros éxitos, me he entrenado para superar la incomodidad inicial y decir «no» siempre que lo necesito por mi propio bienestar, ya sea porque **NO PUEDO** hacer algo, porque **NO DEBO** hacerlo o porque **SIMPLEMENTE NO QUIERO.** De lo contrario, es culpa mía si me estoy comiendo una Bloomin' Onion de

Outback Steakhouse por tercera vez en una semana solo porque mis compañeros de trabajo me invitaron a la hora feliz y no supe decir: «¡Esta noche no, gracias!».

Ese fue un ejemplo hipotético, ya que ahora vivo en un pueblito de pescadores en República Dominicana donde no hay cadenas de restaurantes y no tengo compañeros de trabajo, pero, ajá, me entiendes.

En fin, todo esto es para decir que Shonda Rhimes[6] puede tener su *Año del sí.* Yo estoy superfeliz con mi vida del no.

Y tú también podrías estarlo.

CONVERTIR EL *STATU QUO* EN *STATU NO*

Juntos, vamos a **cambiar el tono de la conversación, quitarle el miedo a la palabra y dejar de estigmatizar el acto de decir *nyet.***[7]

Dejarás de pensar que el «no» es demasiado duro, muy grosero y simplemente inaceptable, y empezarás a pensar que es bastante fácil, perfectamente educado y, de hecho, totalmente justificable.

[6] Shonda Rhimes es una guionista, directora y productora estadounidense. Es conocida principalmente por ser la creadora de la serie de televisión *Grey's Anatomy*. (*N. de la t.*).

[7] Eso es «no» en ruso. Como en «No, no voy a aceptar que se metan en estas elecciones». ¿ERA TAN DIFÍCIL?

Como un plato de carbohidratos antes de una gran noche de fiesta, la primera parte de este libro te da una base de teoría, estrategia y técnica para todo el trabajo práctico que viene después:

- ¿Por qué digo que sí todo el maldito tiempo? (Un test).
- El método «Dile No al Sí».
- Diferentes formas de decir «no» para distintas personas.
- El «Poder No».
- Establecer límite.
- Hablemos de la culpa, querido.
- ¿De verdad *tengo* que hacerlo? (Un diagrama de flujo para decir no).
- Cómo decir amablemente lo que en verdad quieres decir.
- Una ronda de práctica con vecinos, vendedores y personas que nunca te cayeron bien en la preparatoria y que siguen sin caerte bien.
- La alegría del «no».
- ¡Y un montón de consejos para decir «no» en todas las situaciones!

En la segunda parte vamos a poner en práctica todo lo que hayamos aprendido hasta el momento. Capítulo por capítulo, te daré **cientos de ejemplos concretos de cosas a las que quizá quieras o necesites decir «no»;** te diré cómo hacerlo y qué vas a ganar con eso.

CIENTOS, TE LO ASEGURO.

*Aprende a decir no de una p*nche vez* no es solo un compendio de respuestas atrevidas y groserías (aunque también lo es). Quiero que cuando termines este libro, aprecies lo **mucho que puede mejorar tu vida cuando dices «no» con confianza,** sin culpa, sin estigma, sin miedo y sin arrepentimiento.

Quiero cambiar la forma en que vemos las invitaciones para que sean algo acogedor y no una obligación que nos agobie. Quiero que nos **sintamos bien cuando hacemos favores y dejemos de sentirnos mal cuando no podemos.** Quiero ayudarte a **eliminar las cosas que no deberías hacer para que puedas disfrutar y tener éxito en las que sí deberías.** Quiero que las familias se **escuchen y se comuniquen mejor entre sí,** especialmente aquellas personas que no quieren reunirse todo el tiempo, en todo momento.

A lo largo del camino hablaremos de:

Decir «no» es una opción. Y no solo para las confirmaciones de asistencia, sino también para los compañeros que te piden que los cubras por tercera vez en la semana. Es para los primos segundos que buscan préstamos sin intereses. Es para los jefes que quieren que trabajes demasiado y los clientes que quieren pagar muy poco. Es para los niños, las citas, los *roomies,* los vendedores por teléfono y el tercer *shot* de tequila.

El «no» es una herramienta de negociación. Decirlo puede hacer que consigas menos compromisos y menos problemas, pero también podría darte más, como un aumento de sueldo o un ascenso. Todo depende de cómo lo uses. Te daré un montón de variantes para que las apliques.

El «no» es una herramienta para el cambio. El consentimiento es uno de los temas más importantes de nuestro tiempo, y a todos nos viene bien aprender un poco más sobre cómo darlo, negarlo e identificarlo. Voy a hablar de lo importante que es establecer y respetar los límites (tanto íntimos como de otro tipo), y celebrar tu derecho y privilegio a hacerlo.

Al final, quiero ayudarte a **repensar lo que significa *decir* «no» como respuesta,** y luego ir por ahí y hacerlo para que **los demás deban repensar lo que significa *aceptar* un «no» como contestación.**

Estamos todos juntos en esto, amigo. Tenemos que sentirnos cómodos diciendo «no» por nuestro propio bien y por el de nuestras relaciones con la familia, los amigos, la pareja, los jefes, los compañeros de trabajo, los clientes, los caseros, los *roomies,* los alumnos, los profesores, los compañeros de equipo, los entrenadores y todos los demás que necesiten oírlo.

«No» es una respuesta aceptable. Es hora de empezar a usarla.

I

ES UNA PREGUNTA DE SÍ O NO:

DECIDIR CUÁL ES LA MEJOR RESPUESTA PARA TI

Para empezar, vamos a ver **todas las razones por las que la gente dice que sí cuando quiere decir que no** y, más específicamente, todas *tus* razones.

¿Eres de los que siempre **quieren complacer a los demás?** ¿Te preocupas más por los demás que por ti mismo, aunque eso te haga daño? ¿Tienes miedo de perderte algo, ya sea diversión, oportunidades o simplemente los «me gusta» en Instagram? ¿Tu intención es **superar las expectativas?** O, al final del día, ¿eres simplemente un **maldito pusilánime?** (Olvidé mencionarlo: si pensabas que ibas a terminar este libro sin tener que aceptar tus complejos, es porque no me conoces muy bien).

Después, **vamos a conocer a tus enemigos, los «sí, sí, sí»,** y te voy a enseñar cuatro formas sencillas y seguras de entrar en la zona del «no», además de algunas técnicas extra para decirlo **como un experto.** Y como todos vivimos en el mundo real, con problemas y retos que hay que afrontar aunque no queramos; también te voy a dar algunas pautas para saber **cuándo realmente *tienes* que decir «sí».**

¿Hueles un diagrama de flujo? PORQUE YO SÍ.

Vamos a meternos en tus **límites;** profundizaremos en la **culpa;** hablaremos sobre **cambiar tu forma de pensar;** y te voy a dar una estrategia que aprendí en mis estudios anteriores sobre «Me importa una mierda», que también sirve como la **regla de oro para «Cómo decir no».** Luego, te mostraré cómo puedes adaptarla a tus circunstancias únicas, porque las reglas de plata y bronce nunca hacen daño a nadie.

Después, **haremos una ronda de práctica para que te vayas animando,** y cerraré la primera parte dándote un adelanto de lo mejor: **las formas en que decir «no» pueden mejorar la vida de otras personas, además de la tuya** (si quieres, puedes fingir que eso es lo único por lo que estás leyendo esto. No se lo diré a nadie).

Mientras tanto, es hora de abrir la mente y afilar la lengua. A partir de esta página, el «sí» está en sobre aviso.

EL «NO» NO ES TU ENEMIGO

Cuando siempre dices que sí, terminas **agobiado, con demasiadas cosas que hacer, sin dinero y completamente agotado.** Pero eso ya lo sabes, si no, no estarías aquí. Así que, en vez de enfocarte en el efecto, investiguemos la causa.

¿Qué te hace tomar el camino largo hacia Ciudad Agotamiento en vez de tomar el tren rápido a la Tierra del No?

Quizá te consideras una **persona complaciente,** lo cual no es malo en sí mismo. Eres confiable, servicial y ¡vaya, qué buen compañero de equipo! Pero si te la pasas haciendo cosas solo porque sientes que *debes* hacerlas, o porque quieres gustarle a la gente aunque te cueste la vida, tal vez eso sea un poco malo.

Solo digo lo que pienso.

Pero yo he pasado por eso, y con el espíritu de compartir nuestros complejos, te diré que también me cuesta mucho decir que no por otras razones. Por ejemplo, soy competitiva; no me gusta admitir la derrota y, a veces, decir que no puede parecer una. Además, soy conocida por equiparar el estar ocupada con ser virtuosa, y me enorgullece ser el tipo de mujer en la que se puede confiar para hacer las cosas (si ese orgullo vale el esfuerzo extraordinario que supone conseguirlo es el meollo del asunto, como se suele decir).

¿Y tú?

O, para empezar, el *ustedes* colectivo que ha sido la base de mi inspiración y mis conclusiones a lo largo del libro.[8] Mientras escribía *Aprende a decir no de una p*nche vez,* **hice una encuesta anónima** en la que le preguntaba a la gente cuáles eran sus motivaciones para decir que sí cuando realmente querían decir que no (no se me escapa que estas respuestas las dio un montón de gente que dijo «sí» a participar en una encuesta en línea. Muchas gracias, tontos).

Entre las respuestas más populares se encuentran:

Siento que no tengo otra opción.

Me siento culpable.

No quiero ser grosero.

---

[8] Un libro que no debe considerarse en absoluto riguroso desde el punto de vista académico ni científicamente sólido, para que lo sepas. A mi editor le gusta que aclare este pequeño detalle desde el principio.

No quiero parecer flojo.

Me preocupa arrepentirme.

Soy un pusilánime.

Si alguna de estas situaciones te suena familiar, estoy aquí para decirte, específicamente a TI, que *sí* tienes una opción y que *puedes* decir que no sin sentirte culpable, grosero, flojo, pisoteado o agotado por miedo a perderte algo.

Pero primero **debes averiguar por qué dices que sí todo el tiempo.**

CON USTEDES, LOS «SÍ, SÍ, SÍ»

Después de reflexionar sobre todos los complejos, las inseguridades y los micromasoquismos que reveló mi encuesta, creé cuatro categorías que te servirán como diagnóstico de referencia a lo largo de este libro:

El complaciente

El que quiere sobresalir

El que tiene FOMO

El que se deja llevar

Estos son los «sí, sí, sí». ¿Cuál eres tú?

Vamos a dedicar esta sección a averiguarlo y el resto del libro a aprender qué hacer al respecto. Pero mientras lees las descripciones de las siguientes páginas, **no te quedes atrapado en tu primera impresión y te saltes el resto.** Todos tenemos muchas facetas.

Por ejemplo, yo soy una persona que siempre quiere complacer a los demás (o al menos lo era, ahora estoy mejorando). Nunca me he considerado una persona pusilánime, pero siempre hay una primera vez para todo, así que no lo descarto. Y en cuanto al FOMO *(fear of missing out,* es decir, miedo a perderse algo en el sentido común de no participar en algo que podría ser divertido), sinceramente, me da igual que los demás vayan a fiestas y cosas así sin mí. Me encanta mi sillón. Pero sí experimento esa sensación de «debería decir que sí cuando quiero decir que no» en otras situaciones, como cuando se trata de perder una oportunidad de negocio. Me preocupa que, si digo que no esta vez, pueda estar cerrando para siempre una puerta que podría ser muy lucrativa; no es que lo quiera ahora, sino que no quiero *no tener la opción* de quererlo en el futuro.

(Aunque es raro, puedo pensar en varias ocasiones en las que no debería haber dicho que sí a una «oportunidad» que acabó siendo un completo desastre; sin embargo, no se me ocurre ninguna situación en la que me haya arrepentido de decir que no. Interesante).

Pero, bueno, vamos a conocer a los «sí, sí, sí», ¿te parece?

El complaciente

> **Cosas que las personas complacientes deberían decir en lugar de «sí»**
>
> «Ve sin mí».
> «No me gusta la comida tailandesa. ¿Y si buscamos otra cosa?».
> «No tengo dinero».
> «Lo siento, pero no, esos pantalones no se te ven bien».

Dices que sí cuando quieres decir «no» porque…

Odias decepcionar a los demás. Te sientes con la obligación de hacerlo. Quieres caerle bien a las personas o no quieres ser grosero. Eres alguien genuinamente amable, a veces demasiado amable para tu propio bien. Dices que sí a tus amigos y familiares cuando te lo piden, pero también a tus enemigos, a desconocidos y a los testigos de Jehová solo para que no se sientan mal. Aceptas citas que no te interesan y haces favores en exceso.

Decir «no» te ayudará a…

Valorar tu propia felicidad. A que no se aprovechen de ti personas a las que no les importas. Tendrás más tiempo libre y energía para disfrutarlo. **¡Conviértete en alguien que se complace a sí mismo!**

El que quiere sobresalir

Dices que sí cuando quieres decir «no» porque...

Más vale que lo hagas tú, porque tú lo harás mejor. Eres perfeccionista. No quieres que nadie piense que eres un flojo. Te gusta que reconozcan tus méritos. Eres competitivo con los demás y siempre buscas superarte a ti mismo, por lo que aceptas tareas adicionales, proyectos elaborados y plazos imposibles como si tuvieras el mayor suministro de Adderall™ del mundo. Tu deseo de triunfar a toda costa a veces hace que acabes hundiéndote por completo.

> **Cosas que las personas obsesionadas con sobresalir deberían decir en lugar de «sí»**
>
> «Justo ahora no tengo tiempo».
>
> «Eso está por encima de mi salario».
>
> «No es necesario que lo revise. Confío en ti».
>
> «Estoy de vacaciones».

Decir «no» te ayudará a...

Delegar más y preocuparte menos. Dejarás de resignarte a *hacerlo todo* y te entusiasmarás con *hacer lo que quieres*. Podrás enfocarte mejor en menos cosas, preparándote para triunfar en lo que más te importa. **Eso *sí que es* un logro.**

Cosas que los que siempre tienen FOMO deberían decir en lugar de «sí»

«Debería confiar en mis instintos».
«Recuerdo cómo fue la última vez».
«Habrá otras oportunidades».
«Primero yo, y eso está bien».

El que tiene FOMO

Dices que sí cuando quieres decir «no» porque...

Aunque no te encanta la sensación de tener demasiadas cosas que hacer, te da miedo lo que podría pasar si no las haces. Te preocupa perderte algo divertido o una oportunidad que podría ser buena, ya sea en lo económico o en otra cosa. Sientes que hay algo malo en ti por no querer lo que quieren los demás.

(Nota: el miedo a lo que puedan pensar los demás va más en la categoría «Complacientes»). Te gobierna el arrepentimiento. Vas a fiestas y de viaje aunque no se te antoje mucho, y SIEMPRE asistes a las reuniones. Te comprometes en exceso y, al final, no te impresiona mucho el resultado.

Decir «no» te ayudará a...

Dejar de lado las expectativas (tanto las tuyas como las de los demás) que no te sirven. Eliminarás la ansiedad sobre tus decisiones y confiarás más en ellas. Además, estarás totalmente presente, comprometido y emocionado con las cosas a las que realmente quieres decir «sí». **¡Convierte ese FOMO en JONO *(joy of no,* es decir, la alegría del no)!**

El que se deja llevar

Dices que sí cuando quieres decir «no» porque...

No te gustan las confrontaciones, prefieres el camino fácil. Aceptas ofertas bajas y no puedes decir que no a los vendedores por teléfono, a los niños llorones o a los gatos manipuladores que seguramente ya comieron, pero que son supertiernos. Te falta fuerza de voluntad. Eres indeciso. *Te dejas llevar* hasta el borde del precipicio.

Cosas que las personas que se dejan llevar deberían decir en lugar de «sí»

«No me siento cómodo con eso».
«Soy inmune a tus encantos».
«Yo valgo más».
«Me opongo, su señoría».

Decir «no» te ayudará a...

Ganar en lugar de perder (tiempo, energía, dinero, éxito, respeto... la lista es interminable). Seguirás adelante con tus objetivos en vez de desviarte del camino. Serás admirado por tu fortaleza e inteligencia. Dejarás de ceder en lo pequeño y ganarás mucho en lo grande. **Está bien dar la cara.**

Así que esos son los «sí, sí, sí». ¿Reconoces a alguien?

Ahora, para rematar, contesta el siguiente test y elige la respuesta que mejor represente lo que harías en cada situación. Si no puedes decidirte, elige dos. Es solo una herramienta diagnóstica divertida, no voy a enviar los resultados al comité del Nobel ni nada por el estilo.

¿POR QUÉ DIGO QUE SÍ TODO EL MALDITO TIEMPO? (UN TEST)

Tu jefe te ofrece un ascenso que conlleva más responsabilidad y un mejor puesto, pero te dice que, de momento, no cuentan con presupuesto para aumentarte el sueldo y que de las metas que consigas dependerá si dicho presupuesto asciende. Lo aceptas sin dudarlo porque:

a) No quieres parecer malagradecido.

b) De verdad te mueres por esas nuevas tarjetas de presentación. Luego te preocuparás por el sueldo.

c) Si insistes en pedir más dinero, tu jefe podría cambiar de opinión.

d) Si hubieran podido darte un aumento, lo habrían hecho, ¿no? Seguro no era posible.

Tu amigo te pide que lo acompañes a un evento superelegante y exclusivo ESTA NOCHE. No quieres ir, pero dices que sí porque:

a) No quieres que tu amigo vaya solo.

b) Crees que no es tan difícil añadir una fiesta a tu agenda (además, puedes cortarte el cabello rápido en tu hora de comida).

c) Algún día vas a querer ir a una de esas fiestas elegantes, y si dices que no esta noche, quizá nunca te vuelvan a invitar.

d) Te convencen fácilmente.

Un compañero de trabajo te pide que le eches una mano con algo a última hora porque no pudo terminarlo a tiempo. Te molesta, pero aceptas porque:

a) Siempre tratas de ayudar.

b) Así eres tú: haces lo que otros no pueden.

c) ¿Y si algún día necesitas su ayuda?, ¿qué pasaría entonces?

d) Te da pena decirle que no te pida eso.

El profesor de tu hijo necesita de última hora a alguien que acompañe a los niños en una excursión. Con tantos pendientes, no tienes tiempo para esto, pero dices que sí de todos modos porque:

a) Odias dejar a alguien sin ayuda.

b) Puedes arreglártelas; solo tendrás que reorganizarte un poco.

c) Te preocupa arrepentirte de no haber ido en cuanto ves a otro papá o mamá publicando en Instagram una foto de tu hijo en el museo de ciencias (aunque ya fuiste con toda la familia. Dos veces).

d) ¿Quizá porque el maestro te lo pidió amablemente?

Un cliente importante, pero exigente, te pide que termines un proyecto enorme en un plazo supercorto. Sabes que será complicado, pero aceptas porque:

a) Quieres mantenerlo contento.

b) *Plazos ridículamente cortos* es tu segundo nombre.

c) Si protestas por el tiempo y le dan el proyecto a otra persona, podrías perder al cliente.

d) Nunca le has dicho que no, así que sientes que es imposible negarte ahora.

Uno de tus amigos siempre espera que estés ahí para lidiar con las consecuencias de sus malas decisiones, y ahora mismo está pasando por su tercera crisis en solo unas semanas. Estás superocupado y tienes ganas de dejar que esta última llamada se vaya al buzón de voz, pero contestas porque:

a) Te sientes mal por no contestar.

b) Quieres ser el tipo de persona que siempre tiene tiempo para sus amigos, sin importar lo ocupado que estés.

c) Quizá esta vez sea cuando por fin logres detener toda esta locura.

d) Es más fácil contestar estas llamadas que explicarle a tu amigo por qué estaría increíble recibir menos llamadas de este tipo.

Tus compañeros de trabajo te invitan a salir al final del día. Estás agotado, pero terminas yendo porque:

a) No quieres que piensen que no te caen bien (aunque sea verdad).

b) ¡Dormir es para los débiles!

c) *Podría* ser una buena oportunidad para hacer contactos.

d) Como sea, te lo seguirán pidiendo hasta que cedas.

Tus papás deciden que quieren hacer un viaje familiar al Gran Cañón. Tú tenías pensado usar tus días de vacaciones (y tu presupuesto) para otra cosa este año, pero dices que sí porque:

a) No quieres herir sus sentimientos.

b) Quizá puedas hacer las dos cosas si trabajas horas extra y lo planeas bien.

c) Puede que sea tu última oportunidad de viajar con tus padres antes de que sean demasiado mayores para hacerlo.

d) Sientes que no tienes otra opción cuando se trata de tu familia.

¿POR QUÉ DIGO QUE SÍ TODO EL MALDITO TIEMPO? (RESULTADOS)

Si tuviste mayoría de A... eres una persona complaciente.

Si tuviste mayoría de B... eres una persona que siempre quiere sobresalir.

Si tuviste mayoría de C... tienes FOMO (miedo a perderse algo).

Si tuviste mayoría de D... eres una persona que se deja llevar.

Y si tienes una mezcla sana de la mayoría de las letras... necesitas este libro más de lo que el reparto de *Los infiltrados* necesitaba un mejor *coach* de dialectos. No te preocupes. A diferencia del acento bostoniano de Martin Sheen,[9] esto es completamente normal.

[9] En la película *Los Infiltrados* (2006), varios críticos y espectadores que conocen bien el dialecto de Boston señalaron que el acento de Martin Sheen resultaba poco creíble y forzado. Para algunos, más que una representación genuina, parecía una parodia exagerada del acento bostoniano. (*N. de la t.)*.

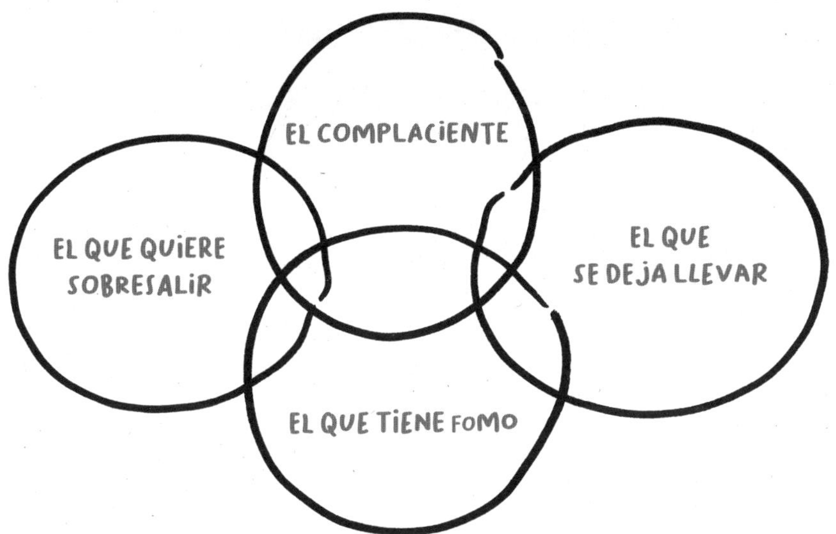

A lo largo del libro te voy a pedir que pienses **por qué estás a punto de decir que sí cuando en realidad quieres decir que no.**

Lo hago porque necesitas enfrentarte, de verdad y a fondo, a tus complejos desde la raíz. Si no, serás como esas personas que dicen:

—En serio quiero dejar de fumar, pero es muy difícil cuando tomo.

A las que yo les digo:

—Okey, entonces supongo que fumar (o sea, decir que sí) no es tu verdadero problema. Tomar (es decir, sentirte culpable/obligado/ser un pusilánime) sí lo es. ¡Trabajemos más bien en eso!

A menos que realmente no quieras dejarlo…

¿Verdad? Okey. Sigue adelante entonces.

La próxima vez que te encuentres en esta situación, haz una pausa y pregúntate POR QUÉ. Yo lo llamo el método **«Dile No al Sí» para controlar tus complejos.**

EL MÉTODO DILE NO AL SÍ

PARA CONTROLAR TUS COMPLEJOS

PASO 1:

PREGÚNTATE *POR QUÉ* ESTÁS A PUNTO DE DECIR QUE SÍ *CUANDO* QUIERES DECIR QUE NO.

Es un método muy fácil. Solo tiene un paso. Pruébalo:

> ¿Puedo permitirme hacerle ese descuento al cliente o estoy cediendo solo para evitar una discusión?
>
> ¿Debería ofrecerme como voluntario para presidir ese comité o mi ego está sacando más provecho de esto que la causa?
>
> ¿De verdad quiero navegar en aguas bravas o solo tengo miedo de perderme los *me gusta* de Instagram? (Vamos, sé sincero).

Sean cuales sean tus complejos (culpa, obligación, orgullo, miedo, etc.), **RECONOCERLOS es el primer paso para RESISTIRTE a ellos;** al fin y al cabo, ¿cómo puedes cambiar tu forma de pensar si ni siquiera sabes cuál es tu mentalidad actual? Por suerte, cuando estés listo para hacer esos cambios, **hay tantas formas de decir un «no» exitoso como razones que te llevaron a decir un «sí» poco acertado.** El nirvana del «no» está más cerca de lo que crees.

En lo personal, cuanto más lo practico, más cómoda me siento dando una respuesta corta y concisa en lugar de una explicación larga y tediosa, pero sé que no todo el mundo es igual, sobre todo un *podcaster* llamado Matt.

En 2018, Matt me invitó a su programa y hablamos sobre decir «no» a las personas y cosas que realmente no te importan o no quieres hacer. Hacía poco que había dado una plática TEDx sobre este tema, en la que afirmaba que «todo lo que tienes que hacer es decir las palabras "No, gracias, no tengo tiempo, no puedo pagarlo". Incluso puedes decir "no quiero" y, créeme, el mundo no se va a acabar».[10]

Matt no estaba tan seguro de eso.

—¿Podrías ayudar a nuestros escuchas a crear algunas respuestas negativas realmente buenas? —preguntó—. Ya sabes, algo más que un simple «no», ya que la gente podría estar buscando algo más diplomático.

Le dije que, en mi opinión, decir «no» no era falta de tacto y que no hacía falta dar demasiadas explicaciones, pero él siguió insistiendo.

—Okey, pero ¿y si tienes tiempo y puedes pagarlo? ¿Y si no quieres mentir, pero también quieres ser amable?

Cosas que son más groseras que decir «no»

Sacar la lengua.
Reírse incontrolablemente.
Hacer un gesto obsceno.
Bajarse los pantalones y mostrar el trasero.

[10] Aquí tienes 12 minutos de tu día resueltos: https://tinyurl.com/yxu9exkg.

Matt se disculpó por ponerse, según sus propias palabras, «táctico», pero con ganas de *ejemplos concretos*, tantos como pudiera ofrecerle.

Bueno, Matt, espero que estés leyendo, PORQUE ESTE TEXTO SE VA A PONER TÁCTICO.

DIFERENTES FORMAS DE DECIR «NO» PARA DISTINTAS PERSONAS

Los que siempre quieren complacer a los demás y se sienten culpables, los que se esfuerzan demasiado porque se sienten obligados, los que tienen miedo de perderse algo y los que piensan que son fáciles de manipular tienen un montón de motivaciones y cosas que los sacan de sus casillas, pero todas se pueden neutralizar con uno de estos **cuatro prototipos para decir «no», decirlo en serio y que te escuchen:**

El «no» rotundo

Sencillo, directo y sin vuelta de hoja. Puede ser un «no»[11] directo, un «no, gracias» más amable o un «lo siento, no tengo tiempo/no puedo/no lo puedo pagar» un poco más

[11] Una palabra, una frase completa. Sin complicaciones.

explicativo. Sea como sea, lo que digas y cómo lo digas, dejará claro que no hay nada más que hablar. Piénsalo bien, Matt.

Ejemplo: Tu vecino Ken te pregunta si te gustaría ayudarle el sábado a limpiar su tinaco. Intenta decir «No. Siguiente pregunta» y te aseguro que Ken se quedará tan desconcertado o impresionado por tu respuesta tan directa que se le olvidará el tema como si fuera agua sucia.

- Pros: Hace lo que tiene que hacer, y con muy poco tiempo y esfuerzo.
- Contras: Un «no» rotundo es probablemente lo que más puede ofender. No es culpa tuya, pero para obtener los mejores resultados cuando trates con personas sensibles, no está de más ser un poco más educado. (Ver página 83: «Cómo decir amablemente lo que en verdad quieres decir»).
- Ideal para: Todos, pero especialmente para quienes siempre quieren complacer a los demás y se dejan llevar fácilmente. Cuanto antes y más claro sepan decir «no» a las peticiones y propuestas que no quieren, mejor.

El «no por ahora»

No confundas esto con un «quizá» indeciso: no dejamos a nuestros amigos, familiares y colegas en vilo como si fueran participios. Sin embargo, si quieres o necesitas rechazar algo ahora, pero no quieres cerrar la puerta a una oportunidad de diversión o beneficio en el futuro, este es tu «no, Joe».

Ejemplo (por diversión): Tus amigos están organizando unas vacaciones en la playa este verano. Se sale de tu presupuesto, pero ya sientes cómo te invade el FOMO, como el vino rosado en el fondo del congelador. En lugar de un «no» rotundo, podrías decir: «Me encantaría ir, pero no lo puedo pagar. Si me prometes que me preguntarás otra vez el próximo año, empezaré a ahorrar desde ahorita *y* compraré la primera caja de La Croix para la casa». De esta manera, no te sales de tu presupuesto, tus amigos entienden que te gustaría tener otra oportunidad (para la que puedes prepararte) y, quién sabe, tal vez alguien te lleve como invitado de fin de semana, sin compromiso.

Ejemplo (con fines lucrativos): La familia cuyo perro cuidas debe salir de la ciudad de repente y te preguntan si estás disponible. Para tu mala suerte, tienes que estudiar mucho para un examen importante y no es un buen momento para manejar al otro lado de la ciudad tres veces al día para pasear a Nigel, el husky hiperactivo. Aun así, te da miedo decir que no y perder el trabajo en el futuro. Entonces… ¿por qué no lo dices tal cual?

—Ufff, esta vez no puedo, pero espero seguir siendo tu primera opción en el futuro. ¡Me encanta ese perro loco y no me gustaría perder el trabajo por un problema de agenda!

- Pros: Fácil de usar a corto plazo.
- Contras: Hay que tener cuidado con cómo lo haces, si no, puedes parecer indeciso (ve el recuadro: «Oh, creía que ya había respondido a eso»).
- Ideal para: Gente con FOMO y para los que siempre quieren sobresalir.

No-Tip: Sé claro. Mostrar que te da miedo perderte algo demuestra que no eres un desastre ni que te estás haciendo el difícil a propósito. La gente estará más dispuesta a darte otra oportunidad en otro momento, que es lo que querías desde el principio. ¡Y eso es lo mejor de ambos mundos!

OH, CREÍA QUE YA HABÍA RESPONDIDO A ESO

Si me permites una pequeña digresión, una de las cosas que más me molestan, junto con la gente que habla muy alto en el transporte público y los adultos que andan en bicicleta por las banquetas, es cuando alguien dice que pensaba que ya me había respondido, cuando en realidad no lo ha hecho, sabe que no lo ha hecho y ahora miente al respecto. Eso no es un «no por ahora», es simplemente una excusa. Tengo dos amigos que hacen esto habitualmente y digamos que uno de ellos ya no es mi amigo y el otro está en periodo de prueba. Si no quieres hacer algo, ir a algún sitio o comerte el gusano del fondo de la botella de mezcal, simplemente di que no. No es tan difícil, y voy a pasar el resto de este libro demostrándolo, así sea lo último que te haya dicho.

El «no» profesional (el Pro No)

Pon frases del tipo «Como suele ocurrir», «Después de analizarlo» y «Me temo que eso no es posible» en tus correos electrónicos o, si quieres algo más difícil, aprende a decirlas en el momento, en persona y con cara seria.

> **Ejemplo:** Un cliente te pregunta si puedes terminar su proyecto dos semanas antes de lo previsto. Si eso no es posible (o simplemente no te parece bien), puedes decir: «Hola, Eleanor, revisé tu petición y, tras analizarla, llegué a la conclusión de que no podremos adelantar el plazo. Si hay algún cambio, te lo haré saber; pero, por favor, espera noticias mías a más tardar en la fecha límite original».

- Pros: Diplomático a más no poder. Ideal para usar en el trabajo con jefes, colegas y asistentes, así como en las interacciones con clientes, proveedores, propietarios, contratistas y otras relaciones comerciales.

- Contras: Quizá es demasiado formal para usar con familiares y amigos.
- Ideal para: Personas influenciables, personas que buscan sobresalir y complacientes que solo necesitan un maldito descanso durante un maldito minuto.

No-Tip: Simplemente no es posible. Sobre todo en el trabajo, no digas «no puedo» hacer algo, di que «no es posible». Así no se pone en duda tu capacidad y evitas que alguien insista pensando que aún hay una posibilidad de que digas que sí.

El «no» y cambio

¿Sabías que puedes decir que no a algo, pero ofrecer una alternativa QUE TE GUSTA MÁS? ¡Claro que puedes, Stan! El «no» y cambio también es útil cuando no quieres herir los sentimientos de alguien, o cuando en realidad sí quieres hacer algo con esa persona o para ella, pero no de la manera o en el momento que te sugirió originalmente.

Ejemplo (en el trabajo): Un cliente te pregunta si puedes terminar su proyecto dos semanas antes de lo previsto.

Y tú podrías hacerlo... si te compensan como corresponde. En tu mejor lenguaje profesional di: «Estimada Eleanor, me temo que no será posible adelantar la entrega en las condiciones que acordamos. Sin embargo, si puedes aumentar el presupuesto del proyecto en un 10%, puedo asignar más recursos para acelerar su finalización. Por favor, avísame en un plazo de 48 horas si te parece bien y, en caso contrario, te responderé a más tardar en la fecha límite original».

Ejemplo (en la vida real): Un amigo supersociable siempre te invita a participar en búsquedas del tesoro urbanas y a comprar boletos con descuento para los Staten Island Yankees (o los Stankees, como yo los llamo). Quieres mucho a tu amigo y te sientes mal por decir que no todo el tiempo, pero *no te gustan* todos los demás aspectos de su personalidad ni los conflictos de horarios que surgen en las salidas grupales de este tipo. Podrías decir: «¡Gracias por invitarme! No podré asistir a [actividad], pero dime si podemos vernos pronto. ¡Estaría genial que nos pusiéramos al día, solo tú y yo!».

- Pros: Te valoran por ser flexible, pero de una forma que también te conviene a ti.
- Contras: Yo no confiaría solo en el «no» y cambio. De vez en cuando hay que decir un «no» rotundo, si no, la gente nunca aprende.

- Ideal para: Personas muy exigentes consigo mismas que necesitan establecer mejores condiciones para alcanzar el éxito; personas complacientes que quieren ayudar sin que se aprovechen de ellas y divertirse en condiciones mutuamente aceptables.

ATERRIZA CON ESTILO

Verás que incluí un montón de juegos de palabras, rechazos divertidos y deseos ingeniosos entre mis ejemplos de respuestas negativas. Eso es porque descubrí que añadir humor a un «no» puede ser una forma eficaz de calmar una situación potencialmente tensa, aunque sería negligente de mi parte no señalar que rechazar una oferta de trabajo de un pez gordo del sector requiere más decoro que decirle a tu amigo Leroy que no puede quedarse en tu departamento este fin de semana porque tu edificio tiene una política estricta de «no se admiten vagos que desbordan la tina». No es tu público.

Bono: el «Poder No»

Aunque no se usa tanto como los prototipos anteriores, el «Poder No» es una solución igual de buena en las circunstancias adecuadas. Es cuando no respondes nada. **Es la despedida irlandesa de las respuestas.**

Lo uso con gente que no conozco y que me manda mensajes directos, espera menos de un día para que les responda y luego me manda un mensaje que dice algo así como: «Supongo que no le contestas a tus seguidores».

¡Pues por el momento no!

O cuando alguien me pregunta por tercera vez algo que ya rechacé educadamente dos veces. Simplemente... dejo de responder. **Es como el *ghosting,* pero por razones totalmente justificadas** (para ver un uso poco común del «Poder No», consulta la página 91: «Plática trivial»).

Por último, el «Poder No» es perfecto para usar con personas que intentan volver a ganarse tu confianza. Por ejemplo, cuando alguien que trataba muy mal a mi esposo, se puso en contacto con él por mensaje tras varios años de no saber nada de esa persona, le aconsejé que NO LE CONTESTARA.

> —No te dejes llevar por esa animadversión que llevas tanto tiempo guardándote con un «¿Me quieres ver la cara de imbécil, bruja sociópata?». Cualquier satisfacción momentánea que consigas solo abrirá la puerta a más comunicación (a los sociópatas no les molestan los insultos).
>
> »Ni siquiera mandes un mensaje cortante del tipo: "No tenemos nada de qué hablar" (los sociópatas tampoco son conocidos por soltar una vez que tienen un pie dentro de tu casa).
>
> »No le des a alguien así ninguna satisfacción.

Mi esposo logró contenerse y, hasta el día de hoy, sigue siendo uno de sus mayores logros. Aunque más vale que no me encuentre a esa basura humana en la calle, porque no sería capaz de aguantarme y la jalaría de sus malditas greñas rubias teñidas.

Créeme, sé que no siempre es fácil reprimir las ganas de regañar a alguien molesto, defenderte de acusaciones injustas o maldecir, lo que ocasionaría que Lewis Black,[12] por fin, se atragante con su propia saliva. Pero volverse arrogante da **poca satisfacción a corto plazo y puede traer muchos problemas a largo plazo.**

En cambio, si usas el «Poder No», ganas una pelea sin siquiera tenerla. *Genial.*

* * *

Durante el curso de «Aprende a decir no de una p*nche vez» pondremos a prueba los «No» rotundos, los «No» profesionales y, de vez en cuando los «Poder No», y aprovecharemos muchas oportunidades para decir «No por ahora» y «No» y cambio. Voy a darte un montón de ejemplos que van desde decir «no» a desconocidos (vendedores ambulantes, telefónicos, etc.), pasando por personas con las que tienes una relación más formal (tu doctor, peluquero, jefe, compañeros de trabajo y clientes), hasta amigos íntimos y familiares (incluidos tu pareja, hijos y suegros).

Pero de nada sirve saber CÓMO decir «no» si no sabes CUÁNDO decirlo, ¿verdad?

Parece que es hora de establecer algunos límites.

---

[12] Lewis Black es un comediante, actor y escritor estadounidense. (*N. de la t.*).

LAS PUERTAS DEL «POR SUPUESTO QUE NO»

Lo primero es lo primero: **poner límites es como «ordenar la mente», un concepto que es la base de toda mi obra** (una obra que se basa en burlarme de una guía japonesa superpopular sobre cómo ordenar tu casa, así que agradécele a Marie Kondo,[13] porque sin ella no estarías leyendo este libro ni pensando en tirarlo cuando lo termines para que no se te acumule en la sala).

Tanto si ya me conoces como si acabas de llegar a una de mis guías para mandar todo a la mierda (GMTM), échale un vistazo al tutorial que te dejo a continuación.

ORDEN MENTAL: UN TUTORIAL RÁPIDO

Igual que cuando ordenas tu casa, donde te deshaces de cosas que ya no necesitas y organizas lo que queda para tener un espacio más ordenado, ordenar tu mente también se hace en dos pasos: **DESECHAR** y luego **ORGANIZAR.** Desde sus orígenes en «que no te importe una mierda» hasta sus aplicaciones interdisciplinarias para poner orden en tu vida y calmarte, estamos hablando de

[13] Marie Kondo es una experta en organización japonesa conocida internacionalmente por su método para ordenar y simplificar espacios, llamado Método KonMari. Se hizo famosa mundialmente tras la publicación de su libro *La magia del orden.* (*N. de la t.*).

un **proceso sencillo que consiste en *decidir* y luego *actuar*.** En el caso de esta quinta y combativa guía para mandar todo a la mierda se trata del proceso de **decidir decir «no»,** primero en tu cabeza y luego en la **vida real,** respaldando tu decisión con palabras y acciones.

> **Paso 1: DESCARTAR** (o sea, *decidir* a qué no puedes, no debes o no quieres decir que sí). Esto es **ESTABLECER TUS LÍMITES.**
>
> **Paso 2: ORGANIZAR** (o sea, *hacer*, decir que no con confianza). Esto es **HACER RESPETAR TUS LÍMITES.**

¿Tiene sentido para ti? Bien. Ahora, profundicemos en los límites en sí mismos.

> ¿Qué hacen los límites? **¡Protegen cosas!**
>
> ¿Qué estás tratando de proteger? **¡Tu tiempo, energía y dinero!**

En el lenguaje de las GMTM, me refiero a tu tiempo, energía y dinero como tus *fuck bucks.* Al igual que el dinero real, solo tienes una cantidad limitada de cada uno de ellos para gastar antes de que se te acabe o necesites reponer tus reservas; por lo tanto, para administrarlos sabiamente, necesitas un **presupuesto.** Probablemente ya sabes adónde quiero llegar con esto, pero, por si acaso, te lo voy a explicar con detalle:

Decidir qué vale tu tiempo, energía y dinero = **establecer tus límites** = **hacer** tu presupuesto para lo que te importa.

Organizar tu respuesta (o sea, decir «no») a lo que no vale la pena = ***hacer respetar*** tus límites = **ajustarte** a tu presupuesto para lo que te importa.

¿Sigues conmigo? Espero que sí, porque esto, como diría Don Henley,[14] es el *quid* de la cuestión.

Tú pones límites para protegerte de cosas a las que NO PUEDES o NO DEBES decir que sí (porque no tienes los *fuck bucks* para gastar), como pagar la fianza de tu primo Kevin después de su tercera infracción por manejar bajo los efectos del alcohol; **y de cosas a las que simplemente NO QUIERES decir que sí** (aunque técnicamente tengas el tiempo, la energía o el dinero), como salir cuando el clima está horrible.

Más sobre esos ejemplos en un momento. Primero, ¿cómo pones en orden tus límites y tu presupuesto para cosas que no valen la pena?

Piensa en las ovejas

Piensa en tu tiempo, energía y dinero como tres ovejas valiosas, presas fáciles para ladrones listos y lobos hambrientos a menos que tú, su pastor, pongas límites para protegerlas (sí, estoy

[14] Donald Henley es un cantante de rock, baterista, guitarrista, compositor y escritor estadounidense, también conocido por ser miembro fundador de la banda Eagles. (*N. de la t.*).

mezclando metáforas entre dinero y ganado, pero las ovejas son divertidas. No le des importancia).

Paso 1: Establece el perímetro. Primero, tendrás que acordonar a tus preciadas ovejas/recursos con una cerca. Fuera de esta se encuentran todas las cosas que se te piden, y dentro está tu propio corral personal, donde reina el «sí». Hay un único punto de entrada: las puertas del «por supuesto que no».

Paso 2: Hazlo valer. Como pastor, si decides que algo está dentro de tu presupuesto, puedes abrir las puertas y dar la bienvenida a los lobos y ladrones (o tareas, eventos y amigos que necesitan un séptimo para jugar Ultimate Frisbee) para que se den un festín con tus *fuck bucks.* Pero si tu presupuesto está agotado y tus pobres ovejas, sobrecargadas, están esquiladas hasta los huesos, depende de ti proteger al rebaño de los posibles matones lanudos, incluidos los que están en tu propia cabeza y que pueden estar instándote a rendirte, ceder o intentarlo; ¿qué tan malo puede ser? Mantén esas puertas bien cerradas diciendo «Ni hablar», «De ninguna manera», «No, gracias» y «No es para mí».

Recuerda: poner límites y hacer que se respeten significa **decirte «no» a ti mismo para poder decir «no» POR ti mismo.** Evita que tus propios aduladores te roben; luego, evita que otras personas se metan en tu propiedad real o metafórica y se lleven tus cosas reales o metafóricas, o tus ovejas.

Esta perspectiva es superútil para los que son muy indecisos. Mientras que los que se esfuerzan demasiado, los que siempre quieren complacer a los demás y los que tienen miedo de perderse algo tienden a asumir demasiadas cosas *a propósito* (aunque por diferentes razones), muchos de los que se dejan llevar lo hacen *sin querer*. Acaban diciendo que sí porque no saben realmente lo que quieren y, en lugar de tomarse cinco minutos para pensarlo, simplemente abren las puertas y dejan pasar a todo el mundo.

De cualquier manera, todos tienen que trabajar en poner algunos límites.

Pregúntate si tu primo Kevin, el borracho, se merece tu tiempo, energía y dinero. ¿Quieres darle acceso sin restricciones a tus lanudos amigos? ¿Deberías hacerlo?

¿No?

POLÍTICAS PERSONALES

Un tip que aprendí en mis días de «me importa un carajo» y que te ayuda a decir «no» alto y claro, con orgullo y, lo mejor de todo, para siempre, es el siguiente: si tu respuesta nunca va a ser «sí» a una petición, sugerencia, oferta o invitación, la forma más fácil de decirlo es «No, gracias, tengo una política personal que me no me deja [pon aquí el motivo de tu negativa]». Las políticas personales funcionan porque son misteriosas y están envueltas en un lenguaje formal. Son difíciles de rebatir y fáciles de defender: todo lo que debe ser un límite.

Parece que acabas de poner un límite, amigo. Ahora haz que se respete diciéndole a Kev que él creó su propia cama con olor a *whisky* de Bourbon en una celda y que puede pasar la noche en ella. O si esa frase te parece demasiado directa, podrías sacar a relucir tu **política personal.**

O digamos que, como yo, no aguantas mucho andar por ahí cuando hay mal clima y te invitan a algún sitio donde vas a pasar mucho frío, mucho calor o lo que sea. Antes de decir que sí,

Cosas en las que podrías decirle a Kevin que tienes una política personal que no te lo permite

Prestar dinero a familiares.
Gastar más de 6 000 dólares en un día.
Ayudar a alcohólicos que no quieren dejar de serlo.
Usar tu privilegio económico para influir en la justicia.

pregúntate si llevar guantes o hacer abanicos inútiles con los menús del restaurante entra en tu «presupuesto para pasarla mal».

¿No?

Límite establecido. Hazlo cumplir diciéndole a tu amiga Chrissy: «¡No hay desodorante lo suficientemente fuerte como para que pueda ir a una despedida de soltera en Palm Springs en julio!».

(Por si sirve de algo, yo practico lo que predico. Dejé todo para mudarme a un lugar donde la temperatura nunca baja de los 21 °C y hace tres años que no voy a las fiestas navideñas tradicionales de mi familia en la nevada Nueva Inglaterra. No me amenacen con un paraíso invernal).

Por último, tienes que saber que una consecuencia de convertirte en alguien que establece límites con firmeza es que, **en algunos casos, la gente empezará a captar la maldita indirecta** y dejará de pedirte o esperar que hagas, digas, te unas, quieras o aceptes cosas que ya deberían saber que no están en tu «presupuesto».[15]

No está maaaaaal, si me permites decirlo.

[15] Por desgracia, algunas personas nunca van a entender la maldita indirecta. Ya me ocuparé de ellas en la siguiente sección.

Siguiendo con lo que decíamos, y en relación con esos complejos que mencioné antes, tenemos que abordar **un obstáculo enorme para establecer y hacer respetar los límites y decir «no»,** y pretendo ayudarte a superarlo de una vez por todas y sin sudar ni una gota.

HABLEMOS DE LA CULPA, QUERIDO

La culpa es algo superintenso. Y con *superintenso* quiero decir *poderoso y horrible.* De hecho, apostaría a que **la culpa es la motivación *más* poderosa y horrible para hacer cosas que no podemos, no debemos o no queremos hacer.** Por eso, me gustaría compartir la perspectiva de alguien que ha pasado por ella, la ha sentido y ha conseguido *(casi)* erradicarla como si se tratara de un traje de baño en una playa nudista.

La clave está en **averiguar POR QUÉ te sientes culpable** antes de dejar que esa culpa te empuje a decir que sí cuando quieres decir que no. **Dile No al Sí** no solo es un método supersencillo, ¡sino que además es muy versátil!

¿Tu culpa está **justificada** (porque estás haciendo algo objetivamente incorrecto)?

¿O es **injustificada** (porque no has hecho nada malo)?

¿Es algo que te **impones a ti mismo** (nadie te ha dicho nada, pero igual te sientes culpable)?

¿O es por **presión de los demás** (la gente se mete en tus asuntos)?

Una vez que identifiques la causa y el origen, podrás tomar decisiones más informadas y adecuadas sobre **si la culpa y su mitigación merecen que uses tu presupuesto para cosas que te fastidian.**

Empezaremos con la pregunta más importante:

✱ ¿Eres *realmente* culpable (de hacer algo objetivamente malo)?

Por ejemplo, ¿estás pensando en robar el último *cupcake* de la fiesta del cumpleaños número tres de tu sobrino, sabiendo perfectamente que tu hermana lo estaba guardando para su desayuno de mañana? Si es así, deberías saber que está mal y tendrías que sentirte mal por eso; de lo contrario, eres un auténtico psicópata.

Y si prefieres dejar de sentirte culpable, ENTONCES NO LO HAGAS.

Pero, digamos que estás pensando en no ir a la fiesta. Te gustan los *cupcakes,* pero no te gusta levantarte a las 10 de la mañana para ver a un payaso barato asustar a un montón de niños pequeños a tal punto que se les olvide lo que acaban de aprender sobre ir al baño. Tu hermana puede estar tan molesta o más como lo estaría por el robo del *cupcake,* pero en este caso tu acción no es objetivamente incorrecta.

Solo eres tú negándote a gastar tu dinero en cosas que no te hacen feliz. No hay daño ni tampoco falta.

Además, al no ir, básicamente le estás regalando al menos un *cupcake* extra al grupo, dos si no estás presente para quedarte con el último. Eso te vuelve alguien bueno. Y no eres culpable *de* hacer algo malo, ni deberías sentirte mal *por* tu decisión.

✱ ¿Aún te sientes culpable?

No me extraña. Sentirse culpable, aunque no se haya hecho nada malo, es un dilema muy común. Pero no te desanimes, ¡porque esas son precisamente las cadenas mentales de las que *Aprende a decir no de una p*nche vez* intenta liberarte! Siguiente pregunta.

✱ ¿Hay alguien más presionándote para que te sientas culpable?

Apuesto a que en la mayoría de los casos ni siquiera le das a nadie la oportunidad de hacerte sentir culpable por decir que no, ¿verdad? Simplemente estás dejando que lo que crees que *piensan* los demás (o, Dios mío, lo que *podrían* pensar) dicte tus acciones. Sé cómo funciona tu mente; pero, basándome en mis años de experiencia profesional como alguien a quien no le importa un carajo, puedo decirte esto: **a la mayoría**

de la gente no le importa tanto la forma en la que vives tu vida como tú crees.

Llegué a esta conclusión después de dar el paso yo misma, deshaciéndome de cosas, tareas y personas de mi vida y sin notar NINGUNA repercusión negativa. Para mí ha sido liberador y, sorprendentemente, irrelevante para todos los demás: ¡todos ganamos!

> Dije que no a invitaciones (sí, incluso a bodas) que mi sentido de la culpa me decía que eran obligatorias, y nadie me miró mal ni por asomo.
>
> Reuní el valor necesario para decir: «Lo siento, no puedo ayudarte» a las peticiones de favores que no tengo tiempo ni energía para conceder, y la persona al otro lado me respondió: «¡No te preocupes!».
>
> Dejé de lado tareas, compromisos e interacciones que antes creía que eran imprescindibles y que al final resultaron ser opcionales. Nadie dijo nada.

✱ La mayoría de las veces, la culpa viene desde casa.

Digamos que eso es cierto en el 75% de los casos. Y, si eres capaz de **ignorar esas voces que se originan en tu propio cerebro,** podrás liberarte de la lucha de decir que sí porque «te sientes culpable» aunque no hayas hecho nada malo.

Luego te voy a dar un 5% por las cosas que *sabes* que están mal y por las que es *correcto* que te sientas culpable, pero que haces de todos modos y no porque seas un psicópata, sino porque la vida es así y tienes que cuidar del Número Uno. Te entiendo.

Por último, tenemos el 20% restante:

* No hiciste nada malo, pero otras personas siguen haciendo comentarios pasivo-agresivos para expresar su incredulidad o desaprobación.

Dicen cosas como «¿En serio no vas a hacer tu turno en la vigilancia de la colonia?» o «De verdad crees que está bien faltar al bautizo?» o «¿A quién no le gustan los pícnics?».

Esos comentarios solían debilitar mi determinación y me sentía culpable por decir que sí a cosas que no podía, no debía o no quería hacer. Pero ahora he desarrollado una perspectiva que me ha ayudado a superar las dificultades y a negarme a aceptar la culpa.

¿Te acuerdas de esos susurros de culpa que te dije que ignoraras? Esa gente todavía te está escuchando. Están proyectando sus *propias inseguridades* en ti porque creen que *no pueden* retirarse, quedarse al margen ni renunciar. **Compadécete de ellos, porque no saben lo que hacen.**

Escucha lo que dicen y luego no les des importancia. No te enojes. Abre los brazos. Deja que la culpa se vaya volando como un montón de palomas. Si puedes ignorar las voces en tu cabeza, también puedes hacer lo propio con las voces en la cabeza de los demás.

Mantenerte firme no te convierte en una mala persona. Es más, puedes ser una persona aún *mejor* si contribuyes a normalizar el acto de decir «no». **¡Sé el «no» que quieres escuchar en el mundo!** Cuanto más lo digas, y cuanto más feliz y libre de culpa te sientas al hacerlo, más personas de tu entorno observarán e interiorizarán esa felicidad.

He vivido este fenómeno de primera mano durante años. Consciente o inconscientemente —¿y acaso importa?—, **la gente empieza a *envidiar* tu felicidad y quiere tenerla.** Ellos también empiezan a meter los pies en el océano del «no» y descubren que es superrefrescante.

Ahora bien, esto me lleva a lo último que quiero que sepas sobre la culpa y cómo puedes lidiar con ella:

* Hay personas que simplemente no se rinden.

No aceptan un «no» por respuesta. Discuten tus decisiones hasta la saciedad. Se enojan, se alteran e insisten en que no puedes pensar ni valorar las cosas de forma diferente a ellos, incluyendo tu propio tiempo, energía, dinero y cordura.

Tienes tres opciones para lidiar con este tipo de personas:

Ignorarlas. Igual que empiezas a ignorar las voces en tu cabeza y los comentarios sin importancia de otras personas que no saben nada.

Reconocerlas. Responde con un simple: «Escuché lo que tienes que decir, pero no cambia mi opinión sobre ir a la tercera noche de micrófono abierto de tu novio esta semana. No creo que esto me convierta en una mala persona. Espero que estés de acuerdo; pero, sea como sea, no quiero hablar más del tema».

Hablar con ellas. Pregúntales por qué insisten tanto en que digas que sí a algo que sabes que no puedes, no debes o no quieres hacer. Piensa que tal vez su negativa a aceptar un «no» como respuesta dice más de ellos que de ti. Diles que no vas a sentirte culpable ni vas a dejar que te hagan sentir culpable, por tomar decisiones que te hacen feliz y te generan bienestar, como no usar todos tus días de vacaciones del año para dormir en un catre y hacer ejercicios de confianza en el «campamento de verano para adultos» al que tu mamá anhela que vayas con todos tus primos.

Y puedes hacer todo lo anterior con una gran sonrisa en la cara, con la paz y la satisfacción de vivir tu vida de la manera que mejor consideres. Namasté.

Así que eso era la **culpa**. Próxima parada en nuestro tour mágico de los complejos: **¡la obligación!**

¿Y SI REALMENTE *NO PUEDO* DECIR QUE NO?

En tu camino para aprender a decir «no» con confianza, éxito, de forma objetivamente justificable y sin sentirte culpable —ya sea contigo mismo o con cualquier otra persona—, tendrás que distinguir entre si **REALMENTE estás obligado** a hacer algo o si simplemente **TE SIENTES obligado.**

¿Te suena familiar?

Y para poder seguir con mi argumento, supongamos que se trata de una obligación (o «deber») **que puedes cumplir pero no *quieres* hacerlo.** A pesar de eso...

> ¿Es un «sé que ***tengo* que hacerlo de todos modos»,** como dar una presentación en la oficina porque es tu trabajo?
>
> ¿O simplemente **«siento que *debería* hacerlo de todos modos»,** como ofrecerte voluntario para un comité en el trabajo porque te sientes mal por no hacerlo, aunque sea opcional?
>
> Y si es un **«siento que *debería*»,** bueno... **¿lo *harás?*** ¿Aunque técnicamente no estés obligado?

Ufff, estas reflexiones mentales pueden ser agotadoras, especialmente la última.

Te entiendo, bebé, y quiero ayudarte, pero al final **eres tú quien tiene que decidir si realmente *debe* decir que sí** o si ese instinto viene de tu lado complaciente, competitivo o temeroso de perderse algo (probablemente sea eso).

Si trato de explicar cada una de esas permutaciones en todos los ejemplos del libro, voy a complicar las cosas y a salirme del tema muy rápido. Pero, como dije, quiero ayudar, así que por ahora voy a mostrar un par de ejemplos y dar un **conjunto de pautas que se pueden aplicar a todas las situaciones futuras en las que debas responder «sí» o «no».**

Que nunca se diga que no soy una antigurú que ofrece un servicio completo.

¿Tengo que hacerlo? ¿Debería hacerlo? ¿Lo haré?

¿Qué pasa si tu jefe te pide que hagas algo que sientes que *no deberías tener que hacer,* pero te preocupa que *tengas que hacerlo* si quieres conservar tu trabajo? ¿O si un familiar te pide que hagas algo que *no quieres hacer,* pero sientes que *deberías hacerlo* para no tener problemas con él además de que, en el gran esquema de las cosas, hacerlo le ayudaría más a él que a ti?

Al final, ¿lo harás?

Estas preguntas deberían ayudarte a encontrar la respuesta:

* ¿Sabes lo que pasa si no dices que sí?

¿Alguna vez tu jefe te ha dicho: «Si no haces X, buscaré a alguien que pueda hacerlo»? ¿O simplemente das por hecho que tienes que hacer todo lo que te pide tu jefe por miedo a que te despida, aunque nunca hayas intentado decirle que no para ver qué pasa?

¿Tu hermana te ha dicho «Si no haces X, nunca te lo voy a perdonar»? ¿O simplemente estás *anticipando* que se enojará (y dejando que eso te haga sentir culpable) aunque ella no haya dado ninguna indicación de que decir «no» a X sería motivo de ruptura entre hermanos?

¿Y qué dijimos sobre la culpa preventiva y autoimpuesta? ¿Eh?

*** Si *no sabes* qué pasa si dices que no, ¿cuánto de tu impulso por decir que sí viene de la lógica y la realidad, y cuánto es solo tu imaginación irracional?**

Si tu jefe no mencionó las consecuencias de no hacer lo que te pide, pero ves que les grita a otros o los amenaza con despedirlos, es lógico asumir que también podría hacerte lo mismo. Tendrás que pensar bien qué hacer (mira más abajo).

Pero si nunca has visto a tu jefe perder los estribos y, sobre todo, si has visto a Terry, el de la oficina de al lado, decir «no» un millón de veces sin que pasara nada, entonces piensa por qué te sientes tentado a decir que sí a X. ¡«Dile No al Sí», prueba el método!

¿Es porque crees que hacerlo será más fácil que decir que no? (Pusilánime). ¿O porque quieres parecer mejor que Terry y que tu jefe te vea como la persona que puede con todo, incluso cuando pesa? (El que siempre quiere sobresalir). Quizá deberías volver a revisar los resultados del test para averiguar cuál es tu motivación real.

Y ya que estamos hablando de estos temas, ¿tu hermana es realmente tan poco razonable, o se trata más bien de un problema *tuyo?* Eso creí.

* Si sabes lo que puede pasar si dices que no, ¿es PEOR que lo que podría pasar si dices que sí?

¿Estamos hablando de que «alguien podría enojarse contigo», «alguien podría gritarte» o «alguien podría despedirte/rechazarte» si dices que no? Porque al menos una de esas opciones, si no dos, son mejores que muchas de las posibles consecuencias de decir que sí a X, dependiendo de lo que sea X y de lo mucho que no quieras hacerlo.

Depende de ti evaluar los pros y los contras, y asegurarte de que son *realmente* pros y contras, y no solo palabras de gente que siempre dice que sí. **Luego, asume un riesgo calculado.** Si decir que sí te va a dar una recompensa mayor que el sacrificio que vas a hacer, increíble. Pero «¡es que yo así soy, siempre quiero dar más de mí!» no es una buena razón para hacer todo lo que te piden. Créeme.

En resumen: si crees que probablemente **deberías** o definitivamente **tienes que** decir que sí a X para lograr algo más, como tener a la familia en paz o que tu jefe esté contento para que no pierdas tu trabajo y así puedas seguir pagando la renta, entonces aguanta y di que sí. Todos tenemos problemas.

En serio, **no tiene sentido que pierdas más tiempo, energía y dinero** lamentándote por las pequeñas injusticias de la vida. **Gasta los *fuck bucks* en hacer cosas, no en resentirte.**

Pero si repasas las preguntas anteriores y te das cuenta de que «no» es una respuesta razonable y realista, además de un riesgo que estás dispuesto a correr, entonces podemos trabajar juntos.

Échale un vistazo al diagrama de flujo de la siguiente página y consúltalo las veces que sean necesarias, tanto mientras lees *Aprende a decir no de una p*nche vez,* como cuando estés sentado en tu cubículo reflexionando sobre la última petición de tu compañero de trabajo, la cual seguramente implica una carga para ti. ¿De verdad *tienes* que hacerlo?

Tú decides.

* * *

Bueno, bebé, ahora que ya sabemos cuáles son tus complejos, pongamos manos a la obra para **cambiar tu mentalidad y pasar de ser un borrego a decir: «¡No, señora!».**

¿Te acuerdas cuando te dije que deberías dejar de pensar que decir «no» es «demasiado difícil»? Te voy a enseñar cómo cambié ese patrón mental y aprendí que decir «no» es, en realidad, MUCHO más fácil que ceder y decir «sí».

A los que siempre quieren complacer a los demás y a los que se dejan llevar: esto es para ustedes.

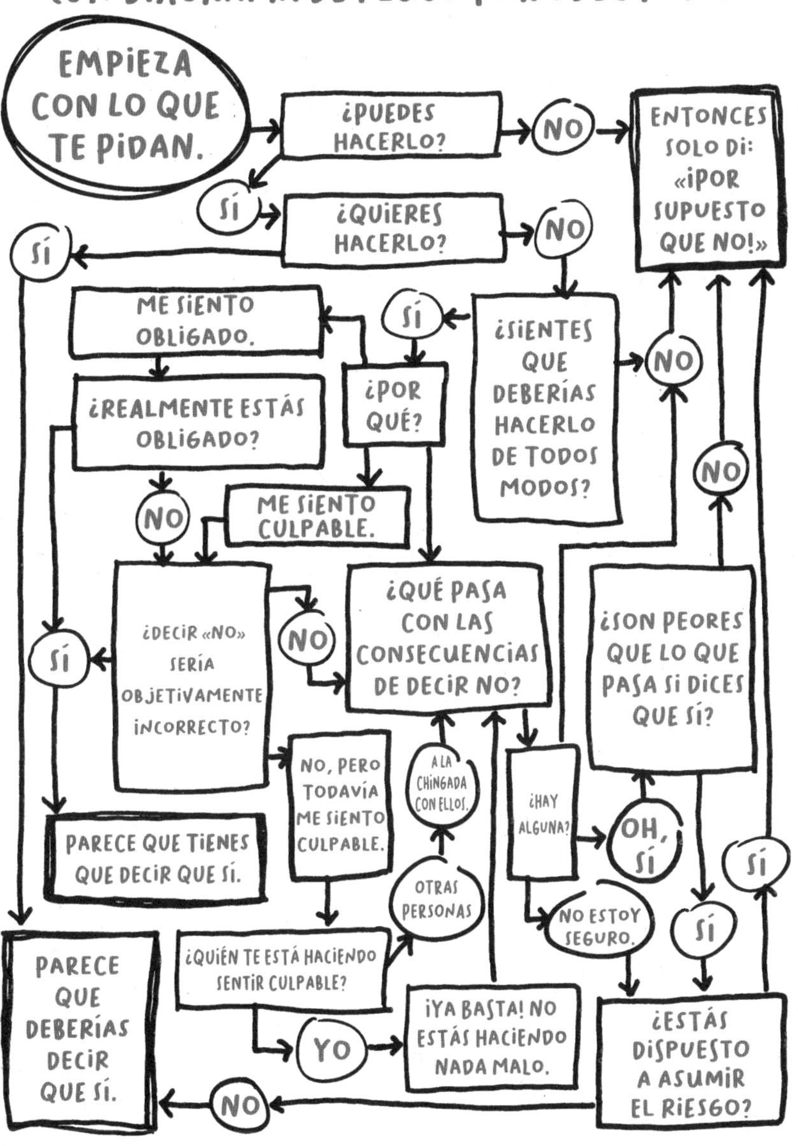

LO QUE FÁCIL VIENE, FÁCIL SE VA

Como ya habrás adivinado por lo que dije en la página 21, una vez acepté organizar un *baby shower,* aunque los bebés no son precisamente lo mío. Lo hice porque me lo pidió una amiga cuyo embarazo estaba muy avanzado y no se me ocurrió ninguna forma de rechazar la idea sin herir sus sentimientos o parecer la desgraciada que odia a los bebés que, para ser sincera, sí soy.

En vez de eso, dije que sí sin pensarlo: esperé lo mejor y me puse a planear. Con el visto bueno de la futura mamá decidí que la temática de la fiesta sería «Bebé, bourbon y BBQ» y a una hora razonable de la tarde (las fiestas sin alcohol al mediodía tampoco son lo mío).

Pasaron unas semanas. El parto de mi amiga estaba cada vez más próximo. Pedí los regalos y la decoración para el evento, hice la lista de invitados y elegí el menú. Y, entonces, ¡SORPRESA! Otra amiga de mi amiga se ofreció a organizar el *baby shower* sin saber que ya había uno en marcha. En ese momento, mi amiga, quizá por su incapacidad para decir que no por miedo a herir los sentimientos de alguien, dijo lo siguiente: «¡Claro! ¿Qué tal si la organizan Sarah y tú juntas?».

Y, bueno, **muchos de mis planes no estaban listos.** Pasé de la comodidad de prepararlo todo en mi propio departamento a cargar con todo lo necesario a casa de otra persona, y de una reunión de adultos por la tarde a decorar pañales al mediodía más rápido de lo que tarda un doctor en cortar el cordón umbilical. Devolví los envases de comida para llevar con estampado de cuadros vichy llenos de M&M azules y las botellitas de bourbon que ya había pedido, pero solo porque consumirlos todos yo sola justo antes de la fiesta habría sido indecoroso.

¿Fue una linda fiesta? **¡Claro que sí! Pero ¿en qué mundo era más fácil para mí ser la anfitriona que asentir con la cabeza, sonreír y decir: «Acá entre nos, no creo ser la persona adecuada para eso» y seguir con mi vida?**

La respuesta es: en ningún mundo.

De hecho, ahora que lo pienso, probablemente mi amiga solo lo pidió sin esperar realmente que yo dijera sí. Me conocía bien. Ojalá yo me hubiera conocido mejor.

En fin, lección aprendida.

Desde entonces, cuando me enfrento a algo que no quiero hacer, pero me cuesta trabajo decir que no, pienso en el *baby shower* de 2010 como si fuera un amuleto. Me detengo un momento, recuerdo cómo pasaron las cosas en esa ocasión, y eso me ayuda a cambiar mi respuesta interna a esa última propuesta de «Eh, okey. Supongo que puedo hacerlo, no será tan malo, ya lo resolveré más tarde» a «Oh, no, no, no, no. Esta mierda hay que cortarla de raíz ahora mismo».

Supongo que has tenido una experiencia parecida, ¿no? Quizá varias, pero no hace falta que te excedas. **Elige una por ahora y escríbela aquí:**

____

____

____

____

¿Cuál fue su costo (físico, emocional o económico)? Escribe eso también:

____

____

____

____

Ahora que lo piensas, ¿estás de acuerdo en que habría sido más fácil decir **«no» desde el principio?** Sí, eso pensé. Y como dijo una vez el gran filósofo, poeta y novelista George Santayana: «Aquellos que no pueden recordar el pasado están condenados a repetirlo».[16]

Tienes que aprovechar esa experiencia y usarla a tu favor en el futuro, al estilo de Marty McFly.

Elige tu propio talismán. Medita sobre él. Y cuando lo necesites, **úsalo como un atajo mental para cambiar tu forma de pensar de «NO = DEMASIADO DIFÍCIL» a «NO = EN REALIDAD ES MUCHO MÁS FÁCIL».**

Cuanto más practiques, más natural te resultará **pensar en las consecuencias de decir «sí»** antes de decir «no».

¿Y qué pasará cuando finalmente te *decidas* a decir «no»? No seas grosero, amigo.

[16] No voy a decir que sabía quién era George Santayana antes de buscar esa cita en Google. Pensaba que era de Churchill, pero cuando fui a confirmarlo descubrí que él la robó y la parafraseó como cuarenta años después. ¡Qué tipo!

CÓMO DECIR AMABLEMENTE LO QUE EN VERDAD QUIERES DECIR

No necesitas ser desagradable cuando dices que no. Puedes serlo, pero no deberías. Si vas por ahí haciéndote enemigos e hiriendo los sentimientos de los demás con tu forma particular de decir que no, nos estás arruinando la vida a los demás.

Si leíste *La magia de mandar todo a la chingada*, seguramente ya escuchaste esta canción. Perdóname, porque siempre que puedo intento ofrecer contenido original, pero hay una razón por la cual ese libro ha tenido tanto éxito. En realidad, gran parte de su atractivo reside en aprender a dar menos importancia a las cosas **sin que eso signifique que te conviertas en un imbécil.** Esa es una filosofía fundamental que vale la pena repetir.

Oye, si no está roto, no lo arregles.

En vez de eso, por favor, practica la **HONESTIDAD y la CORTESÍA (H&C)** cuando, por ejemplo, Janet te invite a un club de lectura y quieras rechazar la invitación. Y ten en cuenta que la **H&C no son absolutas, sino dos ejes de una cuadrícula en la que se encuentra tu respuesta ideal.** Puedes seguirle la corriente a Janet y rechazar su invitación de la forma más apropiada según la situación.

- **Si por algún motivo no puedes ir, esto funciona:**

«No puedo ir, ¡pero diviértete!».

Totalmente sincero y supereducado.

- **Si tienes un conflicto, pero no estás realmente triste por eso:**

  «Desafortunadamente, no puedo asistir».

  Ciertamente Janet lamentará tu respuesta, aunque tú no lo hagas. Y tú eres lo suficientemente educado como para mantener la ambigüedad.

- **Si la única razón por la que no quieres unirte al club de lectura de Janet es porque no la soportas, entonces ser *completamente honesto* sería *muy grosero*. En estos casos, mejor no digas demasiado o miente un poco por el bien de todos:**

  «¿Martes a las siete? Ah, no, no puedo ir. Pero gracias por considerarme».

  Tu negativa no tiene nada que ver con el horario específico del club de lectura, sino con el hecho de que pasar tres horas cerca de Janet te da ganas de vomitar ese vino blanco barato que le gusta, así que diría que esta respuesta es ALGO ENGAÑOSA, pero AUN ASÍ ES CORTÉS.

  «No, no tengo tiempo».

  ¿Un poco brusco? Sí. ¿Una mentira por omisión? Quizá. Pero omitir «porque no te soporto» al final de la frase es lo mejor para todos.

Te daré más ejemplos de cómo hacerlo con estilo a medida que avancemos, pero eso es lo básico en teoría. Sé honesto, sé educado o sé una mezcla de los dos para terminar con el asunto sin que Janet acabe llorando sobre su ejemplar de *Comer, rezar, amar*.

Eres mejor que eso.

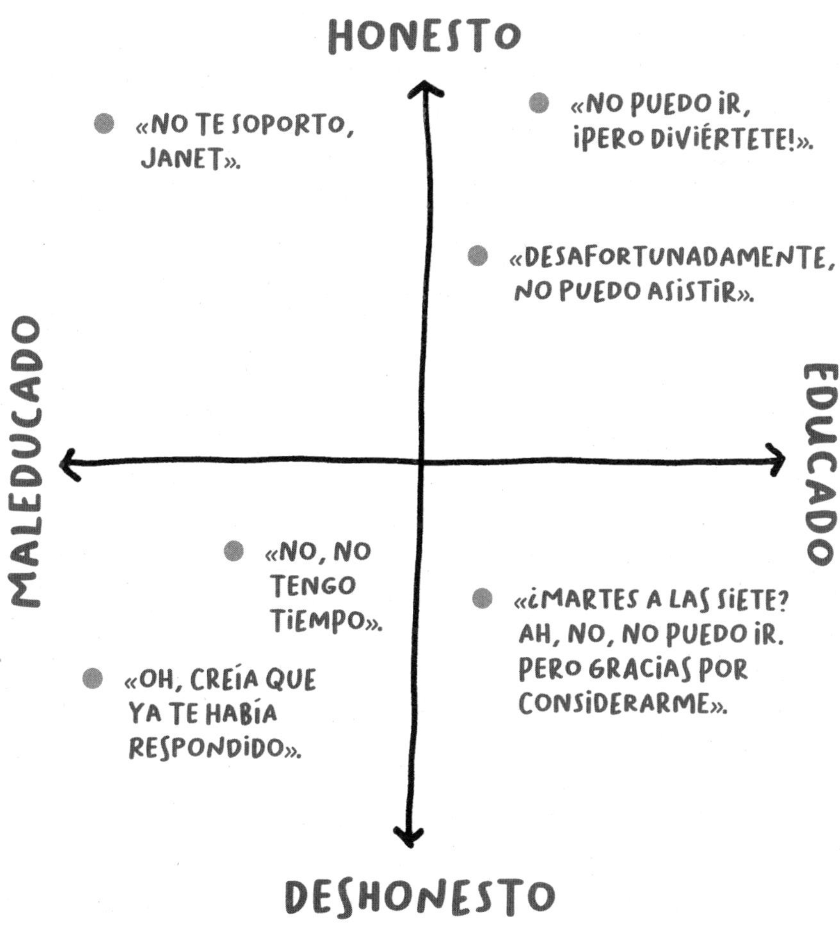

Lo siento, no lo siento

Ya que estamos hablando de honestidad y cortesía, cuando estaba escribiendo mi primer libro inventé el **método #NoMeArrepiento,** una estrategia de dos pasos para descubrir qué es lo que te vale madres y dejar de dedicarle tu tiempo, energía y dinero. ALERTA DE SPOILER: el método solo consiste en ordenar tu mente, pero el nombre tan llamativo se refiere a cómo te sientes cuando lo completas con éxito, utilizando, como habrás adivinado, la honestidad y la cortesía para tomar tu decisión y actuar en consecuencia. **No hiciste nada malo, así que no tienes por qué sentirte culpable: no te arrepientas.**[17]

Cuando se trata de que te valga madres algo, estoy totalmente de acuerdo con «No me arrepiento». Pero vas a notar que, a lo largo de este libro, **a menudo sugiero añadir un «lo siento» cuando digas que no.** No es porque piense que debas sentirte mal por tu respuesta, es solo una formalidad.

¿Cómo es eso?

Porque **decir «no» de forma *activa* a algo es más que simplemente valerte madres de forma *pasiva* (es decir, que no te importe).**

Si no te importa, por ejemplo, Islandia, tampoco tienes que armarte de valor para decirle que no a Islandia. Islandia nunca sabrá si decides no pisar sus lagunas humeantes y ricas en minerales. ¡Te salvaste! Sin embargo, otras situaciones requerirán

---

[17] Al igual que no me arrepiento de explotar un *hashtag* popular existente para mi propio beneficio personal (#NotSorry).

un «no» claro, ya sea por escrito o verbalmente, y yo estoy aquí para ayudarte a redactarlo con HONESTIDAD Y CORTESÍA.

En cuanto a decir «lo siento» —aunque no siempre lo sientas—, esto es lo que opino:

- A veces te importa mucho la persona, el asunto o la oportunidad a la que aún no *puedes* o no *debes* decir que sí. ¡SÍ te importa! Más vale ser sincero al respecto.
- Aunque no te importe mucho, pedir perdón es como el lubricante: reduce la fricción y hace que todo sea más fácil y agradable para los dos. Sé educado, toma el camino más noble y expresa tu arrepentimiento (pero ten cuidado: el camino noble es resbaladizo).
- Si se te complica fingir sinceridad, piensa en tu «lo siento» como algo que se aplica a otro aspecto de tu «no» que el destinatario podría suponer. Por ejemplo, tal vez no lamentas no poder gastar un montón de dinero y la mayor parte de tu autoestima en la ceremonia de renovación de votos de tus amigos en Coachella, pero lo que *sí* te importa es que decir «no» signifique que tal vez nunca veas los abdominales de Justin Bieber en vivo. Da igual.

¡MUCHAS GRACIAS!

Puede que «gracias» o sus variantes (como «te lo agradezco mucho» o «qué detalle que te hayas acordado de mí») no aparezcan en todas las respuestas de *Aprende a* *decir no de una p*nche vez*, pero es porque quiero que sea más interesante y porque no debería tener que decirte que des las gracias cada vez que tengas la oportunidad. ¿Quién te educó? Un poco de gratitud ayuda mucho a mantener las amistades y a calmar a las mamás que realmente esperaban que estuvieras disponible para ser el cuarto jugador de *bridge* de las chicas esa semana. «Oh, muchas gracias por invitarme, pero tengo algo que hacer esa noche. ¡Salúdame a papá!».

Con todo lo que hemos hablado sobre la «teoría del no», cada vez nos acercamos más a la segunda parte, «Cómo decir "no" a casi cualquier cosa», en donde pondrás en práctica tus habilidades adquiridas.

¿Estás nervioso?

¡Pues no lo estés!

Entiendo que para **personas sin vicios, como tú, decir «no» a aquellos a quienes quieren o de quienes dependen para ganarse la vida puede parecer intimidante.** Así que, antes de meternos de lleno a temas de madres, padres, hermanas, hermanos, jefes y mejores amigos, voy a proponer algunos ejemplos fáciles para que vayas practicando.

Desde los que quieren convencer a los demás hasta los que solo quieren platicar, pasando por los meseros, los vendedores y los vecinos, vamos a practicar cómo decir «no» de forma educada, pero firme, a aquellos a quienes puedes decir «nei»[18] sin

[18] Opción en noruego.

arruinar relaciones valiosas ni alterar dinámicas de poder delicadas. Los llamaré **escenarios.**

ESCENARIO: UNA RONDA DE PRÁCTICA

Vamos a empezar con algo superfácil: **la gente que ni siquiera te cae bien.** Por ejemplo:

* **Esos compañeros de la prepa que no te caían muy bien en su momento.**

No tienes por qué tomar café con esta gente solo porque tuviste la mala suerte de encontrártela en el pasillo de papel de regalo del Target cuando ibas a visitar a tus padres en Navidad. Siempre puedes darles tu número de teléfono con un dígito «accidentalmente» incorrecto, pero eso es infantil. En lugar de eso, cuando Rick —el que alcanzó su máximo esplendor en el equipo juvenil de basquetbol— te invite a tomar un café, podrías responderle:

«Gracias, pero estoy muy ocupado esta semana».

«No voy a estar mucho tiempo en la ciudad. ¡Quizá la próxima vez!».

Oye, mira lo que hiciste. Pusiste un límite (es decir, decidiste lo que estás dispuesto a hacer y lo que no) y lo hiciste cumplir (es decir, le dijiste que no a Rick). **Protegiste tu tiempo, tu energía y tu dinero.** Tus ovejas te lo agradecerían si pudieran hablar.

Puedes hacer lo mismo con cualquiera que no te caiga bien: otros padres de la escuela de tus hijos, exnovias, compañeros molestos del gimnasio; incluso, me atrevería a decir, contactos profesionales que te caen tan mal que es como si te hubieran echado arena en los pantalones. No me refiero a aquellos con los que te ves obligado a tratar para hacer tu trabajo, sino a esos personajes prescindibles con los que simplemente sientes que «deberías» verte para comer o platicar en eventos del sector. Lo único que «deberías» hacer en situaciones como estas es decir: «Lo siento, estoy ocupado hasta nuevo aviso».

No-Tip: ¡Sé proactivo! No tienes que esperar a que los demás te hagan una pregunta, te inviten u organicen una reunión. En vez de eso, puedes decir **«no» de forma proactiva,** dejando claro de antemano que no estás disponible. Esto puede ser tan fácil como dejar clara tu política personal contra las «citas para desayunar» antes de que un compañero te lo sugiera, o pasar rápidamente junto a Rick mientras finges que necesitas ir al baño. Otras veces, un «no» proactivo implica anticipar la pregunta, plantearla **tú mismo** y responderla de una sola vez (véanse las páginas 124 y 213). Vaya, qué bueno eres.

* * *

No parece tan difícil, ¿verdad?

Espero que no, porque toda la tesis de este libro es que «no tiene por qué ser tan pinche difícil decir no» y me gusta cumplir con las expectativas.

Ahora bien, ¿qué tal si le dices «jo»[19] **a gente que ni siquiera conoces?**

* Plática trivial

Mi esposo platica con desconocidos mientras esperamos las bebidas en el bar. Mi suegra conoce gente en los aviones. A diferencia de ellos (pero muy parecida a una concursante de *The Bachelor),* yo no estoy aquí para hacer amigos, ni en una fila, ni en internet, ni en ningún otro sitio. A veces lo hago porque me tomé tres vodka tonics, pero normalmente corto las conversaciones triviales no deseadas con una mirada que una vez le hizo decir a mi amiga Sylvie: «Guau, *estás cañona*».

Para ser justos, los que hablaban de trivialidades eran seguidores de Trump de Florida y yo no me mudé hasta República Dominicana para aguantar esa mierda en el bar local.

Si quieres imitar mi mirada, debes seguir estos pasos:

Paso 1: Mira a los que están platicando.

Paso 2: Entrecierra los ojos como si no los vieras bien.

[19] En albanés, si se te antoja.

Paso 3: Sonríe un poquito.

Paso 4: Di: «Mmmmm», y asiente muy despacio.

Paso 5: Date la vuelta.

Siempre funciona.

* * *

Luego están las personas que pueden agradarte o no, que puedes conocer bien o no, pero con las que, de todos modos, a veces no puedes evitar interactuar. Por ejemplo:

✱ Vecinos

Las horas de estar despierto son para estar despierto. Todos sabemos que no deberíamos estar con la máquina sopladora de hojas encendida a las seis de la mañana un sábado para limpiar el jardín o dando clases de zancos a medianoche en un edificio de departamentos.

Dicho esto, no mereces que te regañen por vivir de una manera que, aunque a tu vecino no le guste, no es *objetivamente* incorrecta, mala o irrespetuosa. O que fue accidental y no volverá a pasar si la patrulla canina se tomara dos segundos para hablar contigo como un adulto en vez de publicar fotos de los excrementos de tu cachorro en el chat de los vecinos y pedir tu cabeza en una bandeja.

Pero no todo son quejas. Con el tiempo, seguramente también recibirás algunas peticiones bienintencionadas de tus vecinos a las que no siempre podrás, deberás o querrás acceder. A continuación, te muestro algunos ejemplos típicos y posibles respuestas si crees que no tienen fundamento o son inaceptables.

¿QUÉ DIJO, SEÑORA ROBINSON?

PETICIÓN	RESPUESTA
«¿Puedes hacer que tu bebé deje de llorar?».	«Me temo que los bebés no funcionan así, pero te pido disculpas por el ruido».
«Vamos a hacer una fiesta. ¿Podemos usar tu entrada para estacionarnos?».	«Lo siento, pero no. La última vez, muchos de tus invitados se desmayaron desnudos en tu patio trasero y nos dejaron los carros estacionados ahí».
«Te oigo teclear. ¿Puedes ser más silenciosa?».	«Eso no es factible, pero tengo un par de orejeras viejas que no uso. Te las puedo prestar si necesitas amortiguar el ruido».

«Las banderas arcoíris representan algo contrario a mi religión. ¿Es muy necesario que las pongan en todas las ventanas?».	«¿Todas las ventanas? Probablemente no. Pero tampoco necesitas siete carteles de Pence[20] en tu jardín, así que supongo que estamos a mano».
«¿Me prestas tu taladro?».	«No, porque la última vez no me lo devolviste. Así que, de hecho, ya lo tienes».
«¿Alguna vez has pensado en dejar las cortinas abiertas por la noche?».	«Aléjate de mí, pervertido».

* * *

¡Parece que estás empezando a entender! Vamos a seguir con cosas fáciles, como **llamadas no solicitadas, ofertas y ruegos.**

[20] Michael Richard Pence, conocido como Mike Pence, es un político republicano estadounidense.

✱ Vendedores telefónicos

Si te llama alguien que no conoces para intentar sacarte dinero a cambio de productos o servicios que no quieres, puedes colgar sin problema. Tú no pediste esa llamada, así que no tienes por qué atenderla. Algunas personas pueden pensar que colgarle a un vendedor es de mala educación, pero yo creo que es algo que está en una zona gris en la que puedes entrar y disfrutar como si fuera tu propio jacuzzi en la azotea.

Cualquier cosa que no sea un tono de llamada es como un imán para estos tipos que tienen guiones enteros para evitar que cuelgues, sin importar lo que digas cuando intentas rechazar amablemente sus productos o servicios.

Por ejemplo, si dices: «Hoy no, gracias», te responderán: «Ah, pero es una oferta única. ¿Seguro que no quieres aprovecharla?» (¡FOMO activado!). Y si dices: «Sinceramente, no me interesa», te responderán: «Lo escuché antes, señor, pero si me permite explicárselo mejor, creo que cambiará de opinión» (¿sigues escuchando? Sí, tú, el que siempre se deja llevar).

Si no terminas con esto ya, este insistente baile va a seguir hasta que tus defensas se desgasten por completo y en seis u ocho días hábiles serás el dueño de una turbina eólica con descuento que hará que tu jardín parezca un campo de minigolf futurista, pero de bajo presupuesto.

Simplemente cuelga.

O, y esto es lo que hago yo, filtra tus malditas llamadas y no las contestes. «**Poder No**». **BOOM.**

No-Tip: Archívalo en «nunca lo voy a leer». Sobra decir que si recibes un correo electrónico o una carta por correo no solicitados para ofrecerte algo que no quieres comprar, patrocinar o suscribir, puedes simplemente hacer clic en ELIMINAR o tirarlo a la papelera y no volver a pensar en eso. Ni siquiera una vez. En serio, no pasa nada.

✱ Cosas gratis

Algunas personas aaaaman las cosas gratis. Muebles, aparatos electrónicos, lanchas viejas... lo que sea, te lo quitan de las manos. Eso les encanta a ellos y a los inversionistas de la Serie A en Craigslist. Pero TÚ no tienes por qué decir que sí a cosas gratis solo porque alguien quiera dártelas. Si dices que no, encontrarán a otra persona a quien endosárselo; o lo dejarán en la banqueta para alegrarle el día a un niño sin recursos; o lo llevarán al Ejército de Salvación o al basurero; o se lo quedarán ellos, que es lo que quizá querían hacer en secreto desde el principio.

Como soy una ordenadora compulsiva, soy conocida por regalar muchas cosas. Cuando nos mudamos a República Dominicana, nuestros antiguos vecinos Matt y Liz se quedaron con una colección completa de cristalería de Crate & Barrel, vino tinto, vino blanco, champán, martini... de todo. ¡Estamos hablando de vasos de cerveza Pilsner, amigo!

Pero, aunque me encanta que mis amigos o desconocidos acepten mis cosas gratis, tampoco me molesta si dicen que no. Es su derecho. Por lo tanto, si alguien (incluido yo) te ofrece ropa, herramientas, artículos para el hogar o lanchas que no quieres, no dudes en mencionar alguna de las siguientes frases en tu respuesta:

> «Mmm, no es realmente mi estilo. Quizá [un amigo cuyo estilo encaja mejor con este artículo] lo quiera».
>
> «No tengo dónde colgar una versión de tres metros de largo de *La última cena*, pero gracias».
>
> «Agradezco la oferta, pero no creo que necesite el tostador con plantillas que sale en la tele».
>
> «Ya tengo una».
>
> «¡Qué curioso, yo también acabo de deshacerme de una de esas!».

No-Tip: Lo pensaré. Decir que no en persona, en el momento, puede ser complicado. No hay mucho tiempo para recordar el método «Dile No al Sí» cuando estás frente a frente con alguien que quiere una respuesta. Te prometo que con la práctica será más fácil, pero mientras tanto, aprende a decir «lo pensaré»; es una forma educada y natural de poner en PAUSA la conversación hasta que estés listo para retomarla, ya sea en dos minutos, dos días, dos semanas o nunca.

* Los que quieren que te conviertas a su religión

No me gusta que me digan que me una a su rebaño, sobre todo si eso significa que me molesten por la calle o se presenten en mi casa sin avisar. Esto último pasaba bastante en el pueblito donde crecí, y un día incluso le abrí la puerta a unos desconocidos y les grité: «¡No queremos nada!» antes de cerrarles la puerta en la cara y volver a la sala, donde mis padres me miraban, desconcertados. Mi papá se levantó para ver qué pasaba y resultó que era una familia cuyos antepasados habían sido propietarios de nuestra casa y solo querían verla porque iban pasando por ahí. Dejé que mi padre se encargara de ellos mientras yo me moría de la vergüenza detrás del sillón. Vaya, te precipitaste un poco, Sarah.

Pero, bueno, ¡yo puedo aprender de mis errores y tú también! Hay formas más educadas de rechazar a visitantes inesperados, sean o no hijos de Dios.

Primero averigua qué quieren los que tocan tu puerta. Si es tu vecino que quiere pedirte prestado el taladro, ya lo vimos (ve la página 94). Si son desconocidos que solicitan donativos o firmas, no te preocupes, ya llegaremos a eso. Y si realmente son fanáticos de Jesús y tú no lo eres, mira más abajo:

«No, gracias».

«No soy muy religiosa, pero tú haz lo que quieras».

«Le estás ladrando al crucifijo equivocado. ¡Que tengas buen día!».

«PODER NO» OPCIONAL:

No te levantes. Déjalo pasar. No abras la puerta (o ábrela, pero con un gorro de Santa, un collar con cascabeles y nada más).

DISCULPA, ¿TE PREOCUPA EL CAMBIO CLIMÁTICO?

Pero por supuesto que sí. No soy tonta, pero no por eso quiero pararme en medio de una banqueta llena de gente para firmar una petición o responder un cuestionario que podría influir en la legislación. Cuando me abordan de esta manera, ya sea que se trate de un auténtico activista o de un niño con un portapapeles y una sospechosa falta de información sobre los beneficios que conlleva un impuesto sobre el carbono a cambio de mi dirección de correo electrónico, les digo: «Sí, me preocupa el cambio climático y valoro lo que estás haciendo aquí, pero tengo mi propia forma de apoyar la causa». O simplemente sigo caminando, porque viví en Nueva York durante 16 años y estoy entrenada para ignorar cualquier comentario que no contenga las palabras: «Hay una rata a punto de trepar por tu pierna».

✱ *Shots*

Me refiero al alcohol, no a las vacunas. Es muy importante vacunarse, y tanto yo como mi frágil inmunidad estamos dispuestas a recibir mensajes de odio por decirlo. Pero si un mesero te ofrece dos vasitos de un líquido extraño que no se te antoja beber, una de las siguientes respuestas debería sacarte del apuro.

> «No quiero».
>
> «No, que se lo quede alguien más».
>
> «Tengo una regla personal contra los *shots*».

O puedes perfeccionar un truco que mi esposo usó en una despedida de soltero hace unos años, el cual consiste en aceptar el *shot* y luego girar el cuerpo de tal manera que la mano con la que bebes quede oculta de la vista de los demás por tu cabeza, y cuando todos se beben los *shots* al mismo tiempo, el tuyo pasa por encima de tu hombro y cae al suelo en lugar de quemarte la garganta y llegar directamente a tu torrente sanguíneo. No es casualidad que sea más fácil hacer esto si estás más sobrio que quienes te rodean.

✱ Llamadas para recaudar fondos (ve también: donaciones, préstamos e inversiones, página 171)

Una vez pasé unas cuantas tardes participando en una campaña de recaudación de fondos para Harvard. Era un trabajo en el que a los estudiantes universitarios como yo nos pagaron un sueldo por hora bastante bajo por llamar a antiguos alumnos, registrados en una lista, que se habían comprometido a donar dinero a la universidad y recordarles, amablemente, que ese día podrían cumplir su promesa.

Para ser honesta, me sentí un poco mal, pero también había galletas.

Nuestras listas estaban organizadas según las generaciones de los donantes, así que podíamos mencionar en la llamada si se acercaba una conmemoración importante, como una reunión del cincuenta aniversario, o decir: «¿Conoces a fulano, quien también era de la generación del 88?». Hay que personalizar, mantener la conversación y, de paso, conseguir el número de la tarjeta de crédito.

Al final, me di cuenta de por qué los otros estudiantes que ya habían hecho esto antes tomaban las listas de los graduados más recientes y dejaban las clases de 1950 y anteriores a los novatos como yo. Al principio, pensé que tendría más éxito con los exalumnos más veteranos, quienes habrían tenido tiempo de amasar sus fortunas, que con un grupo de veinteañeros y cuarentones que aún debían pagar los préstamos estudiantiles que yo misma tardaría 12 años en terminar de pagar. Pero entonces me atendió una amable adulta mayor y, cuando le expliqué que llamaba por la promesa de su esposo de hacer una donación a su *alma mater*, me informó que no iba a donar nada... porque había fallecido recientemente.

Muy recientemente.

O sea, el día anterior.

Mierda.

Es decir, entiendo que recaudar fondos es un trabajo horrible y que alguien tiene que hacerlo. Para las organizaciones que te piden dinero, las universidades, las campañas políticas, la investigación médica, salvar una especie entera o un simple monumento local que está a punto de ser demolido son causas nobles y esenciales; para ti, pueden no parecerlo tanto. En cualquier caso, podrías estar hablando con un empleado remunerado o simplemente con un voluntario no remunerado, un estudiante universitario pobre o el becario que se ganó el elefante rosa. Ser educado no les hace daño a los pandas.

«Valoro lo que estás haciendo, pero hoy no puedo donar».

«No es un buen momento para mí. ¡Que tengas un buen día!».

«No me interesa, pero te deseo suerte».

OPCIÓN DE MENTIRA BLANCA:

Aprovecha otra vez mi metida de pata y dile que la persona que busca tu interlocutor no solicitado falleció hace poco. ¿Qué van a hacer, buscarlo en Google? No. Colgarán, se comerán otra galleta y seguirán con la lista.

* * *

Lo siguiente: **ofertas semisolicitadas.** Te expones a que te traten de vender —y a que te vendan más— porque entraste en una tienda o te sentaste en un restaurante, pero sigues teniendo derecho a decir «le»[21] a más de lo que quieres o a menos de lo que necesitas.

✱ ¿Te puedo ayudar a encontrar algo?

Ya sean los vendedores de H&M, donde solo entraste por el aire acondicionado, o el tipo que intenta venderte un perico en la playa de Río de Janeiro, los vendedores solo están promocionando sus productos y tú puedes pasar de largo. Lo mismo pasa con cualquier vendedor ambulante en una esquina o en el metro (lo digo como mujer que vive en República Dominicana y que más de una vez ha rechazado a un tipo que vendía queso mozzarella fresco en el manubrio de su moto).

Si estás intentando relajarte en tus vacaciones o llegar de la parada del camión a la oficina sin comprar una falda de

[21] Funciona mejor si estás en Malta, ya que es la forma de decir «no» en maltés.

rayón, un ave tropical viva o una copia pirata en DVD de la nueva película *live-action* de *Aladdín,* puedes ser educado pero firme de la siguiente manera:

«No, solo estoy echando un vistazo».

«Ya tengo uno, gracias».

«¡Lo siento, tengo prisa!» (no es lo mejor si estás acostado boca arriba sobre una toalla en la playa, obviamente).

«Soy alérgico a las aves».

«Para ser sincero, no soy muy fan de Will Smith».

No-Tip: ¡No tan rápido! Si tu peluquero te sugiere un corte radical, un cambio de color o dar forma a las patillas, no pasa nada si le dices: «Hoy no, gracias. Necesito más tiempo para acostumbrarme a la idea». Por un lado, ellos ven mucho cabello a diario y, sin duda, tienen alguna idea de lo que te quedaría bien. Por el otro, Cersei Lannister[22] murió antes de poder dejarse crecer ese corte *pixie*. Una lección que hay que tener en cuenta.

[22] Personaje de la serie *Game of Thrones*, de HBO.

✱ ¿Quieres papas fritas con eso?

Que quede claro que no tengo nada en contra del concepto de vender más. Me gusta que me digan que hay cuatro colores más de esa camiseta sin mangas esperándome en el estante de la esquina y que, si compro el bote de 250 ml de mi loción favorita en vez del de 150 ml, tendré un 10% de descuento en mi próxima compra. ¡Bien hecho, Bath & Body Works![23]

También entiendo que los meseros estén entrenados para tentarte con aperitivos, postres y botellas de alcohol de mejor calidad porque eso aumenta la cuenta y, por supuesto, su propina. Lo mismo ocurre con los estilistas que ganan comisiones vendiendo cremas carísimas y cepillos de pelo de tejón, y con los agentes inmobiliarios que te presionan para que superes tu límite de gasto porque tienen el departamento perfecto de dos habitaciones con terraza que se sale *ligeramente de tu presupuesto*. ¿Y qué decir de los veterinarios que le recomiendan comida casera cara a los dueños de mascotas crédulos, como si los animales no comieran sus propias heces habitualmente y vivieran para contarlo? Bien jugado.

Pero, en la vida real, todo vale. **Puedes rechazar el producto que te ofrecen o el servicio extra.**

No siempre le he puesto atención a este tipo de cosas. Por ejemplo, en la clínica de mi médico en Nueva York había un negocio paralelo cuyos vendedores ofrecían suplementos a los pacientes en la recepción, y me da vergüenza decir que

---

[23] Por cierto, ¿sabías que hay varios manuales de autoayuda más divertidos y subidos de tono en la serie? http://nofucksgivenguides.com/the-books/

una botella de Bone Builder de 45 dólares me siguió a dos departamentos diferentes durante cinco años hasta que finalmente la tiré y acepté mi derrota.

Nunca volví a cometer ese error; pero, por desgracia, el remordimiento del comprador solo te disuade en el futuro, después de haber comprado algo. En lugar de eso, ahórrate el pago inicial diciendo que no desde el principio y prepárate a ti mismo y a tu cartera con las siguientes verdades:

> **Seis maneras de decir «no» a alguien que intenta venderte más**
>
> «¡Estoy bien!».
> «Me voy a quedar con mi primera opción».
> «No».
> «Me tientas, pero no».
> «Tengo que ajustarme al presupuesto».
> «¡No, gracias!».

La gente que intenta venderte cosas está acostumbrada a que le digan que no. No se lo tomarán como algo personal, y si lo hacen, no deberían estar trabajando en ventas. No es tu problema.

No serás el primero en decirle que no a un vendedor ambulante y tampoco serás el último. Si tampoco quieres ser tú quien llene su casa, oficina, auto o aparato digestivo con basura que no necesita, pon atención.

Decir no es gratis. Los licuados de proteínas orgánicos para tu gato no lo son.

✱ Perdón, ¿está bien?

No es una táctica de venta, pero es una pregunta que te hacen bastante seguido cuando pagas por algo y a la que probablemente respondes que sí cuando en realidad quieres decir: «NO. NO, CARAJO, NO LO ESTÁ».

Imagina que estás en un restaurante y, como eres un cliente responsable que no da por sentado que la cocina puede servirte lo que se te antoja ese día, lees el menú. Bien hecho. Te decides por un plato, también del menú, pero hay algunos detalles que no te quedan claros. Por ejemplo, el menú dice «cola» o «mostaza», pero no especifica de qué tipo, así que cuando el mesero te toma la orden, le dices exactamente lo que quieres: Coca-Cola Light y mostaza Dijon. En ese momento, el mesero te dice que solo sirven productos Pepsi y mostaza amarilla:

—Perdón, ¿está bien?

Si *no puedes, no debes* o *no quieres* aceptar el sustituto, NO TIENES QUE DECIR QUE SÍ.

No es un concepto complicado, pero muchos nos quedamos sin palabras, queremos complacer a los demás y acabamos pidiendo y pagando cosas que no queríamos ni nos gustan. ¿Por qué? En lugar de eso, simplemente di: «Gracias por avisarme; en ese caso, tomaré un té helado», o «La mostaza amarilla es horrible. ¡Menos mal que pregunté!», y así podrás recibir una bebida que te gusta y un sándwich de pavo sin condimentos de mala calidad.

Pero, espera, hay más…

¿Qué pasaría si especificas Coca light y el mesero *no te dice* que no tienen esa marca y te trae una Pepsi light, y al primer sorbo te atragantas y tienes que preguntar:

—¿Es Pepsi light?

Y te responde:

—Sí, no tenemos Coca light. Perdón, ¿le parece bien?

PUEDES DECIR QUE NO EN ESTO TAMBIÉN. ¿En qué mundo vivimos?

A excepción de las alergias alimentarias que podrían llevarte a urgencias, el mesero ni siquiera necesita saber tus motivos, ni, estoy segura, le importan. Cualquiera de las siguientes respuestas es aceptable:

> «En realidad no me gusta [sustituto] y preferiría otra cosa, si es posible» (es posible).
>
> «Mmm, me lo imaginaba. No la quiero. ¿Podrías llevártela, por favor?» (pueden hacerlo).
>
> «Okey. Por desgracia, de haberlo sabido, no la habría pedido. ¿Podrías no incluirla en la cuenta?» (y así lo hacen).

Dios, la Pepsi es asquerosa. Pero la lección más importante aquí, más allá de las simples sustituciones en el menú, es que **si alguien te ofrece algo que no quieres o te hace algo que no te gusta y luego te dice «Perdón, ¿está bien?», no tienes por qué aceptarlo, ni en sentido literal ni figurado.** Esta regla se aplica a todo el mundo, no solo a los profesionales del sector servicios. También aplica, por ejemplo, para la *roomie* que te pidió prestado tu vestido de látex nuevo antes de que tuvieras oportunidad de ponértelo y lo estiró porque ella es 15 centímetros más alta que tú y diez kilos más gorda. NO ESTÁ BIEN.

Lo que está bien es expresar con sinceridad y educación tu decepción, descontento o desacuerdo para que no vuelva a ocurrir, ni a ti ni a futuras víctimas del manicurista de Brooklyn al que solía llamar «el carnicero de Waverly Avenue».

NO, DE HECHO NO ESTÁ BIEN	
Masajista	«Gracias por preguntar. Sí está muy fuerte. ¿Puedes hacerlo más suave?».
Barman	«Órale, nunca había visto un martini adornado con cilantro. Quizá podríamos probar otra vez con... mmm... no sé. ¿Una aceituna?».
Mecánico	«¿Por accidente borraste todas mis estaciones de radio? Híjole, amigo. Lo único que me haría aceptarlo sería un descuento del 10%. ¿Qué dices?».

Recepcionista de hotel	«Sí... si quisiera pasar mis vacaciones dentro de un cenicero con un bonito papel pintado, habría pedido un cuarto para fumadores. Como no es el caso, voy a tener que pedirte que me cambies de cuarto. También aceptaría una mejora gratuita. ¡Gracias!».
Manicurista	«Ay, eso duele. Ten más cuidado, por favor».

Por cierto, el consejo anterior también es pertinente para tu **bienestar personal.**

Si me permites hablar con sinceridad por un momento (no es mi forma habitual de actuar, así que ten paciencia), parece que el primer impulso de muchos de nosotros es ignorar a las personas cuando nos preguntan: **«¿Estás bien?».** Respondemos «Sí, estoy bien», incluso cuando es evidente por nuestro aspecto desaliñado o nuestro mal semblante que no es así.

Quizá mentimos porque no queremos hablar de las razones por las que no estamos bien. O porque no estamos seguros de que la persona que pregunta realmente quiera saber la respuesta.

Sea cual sea el caso, yo solía hacerlo mucho.

Pero hace un par de años tuve un día muy malo en el que *a)* tenía cita con el ginecólogo, *b)* tomé la dirección equivocada del tren, *c)* llegué muy tarde, sudada y nerviosa a la consulta del médico, y *d)* descubrí que me había equivocado de fecha y que la cita era al día siguiente, lo que significaba que *e)* tendría que volver a hacer el viaje y soportar de nuevo la ansiedad de que me rasparan el cuello uterino.

Salí del consultorio de mi ginecólogo en lo que se podría llamar en *shock* y deambulé por la calle hasta llegar a una tienda Victoria's Secret y busqué el bálsamo probado y comprobado de la terapia de compras para mis penas. En retrospectiva, no sé qué parte de «desnúdate y mira tu cuerpo ansioso y sudoroso en el espejo de un probador con luz brillante» pensé que me haría sentir *mejor* en ese momento; pero, en fin.

Terminé en los probadores, donde una joven dependienta me preguntó si estaba bien. En lugar de mi habitual gesto cortés con la cabeza y salir corriendo para evitar a los vendedores, esta vez le dije:

—¿Sabes qué? No. La verdad no estoy teniendo un buen día.

Ella asintió con la cabeza.

—Sí, lo noté en tu cara. Ven, vamos a ayudarte.

En ese momento me sentí comprendida, tanto en lo malo como en lo bueno. Me quité un poco de peso de encima. Por fin, las cosas empezaban a mejorar.

Así que la moraleja de esta historia es que, si no estás bien y alguien te lo hace notar y tu instinto es responder: «Sí, estoy bien», quizá deberías decir la verdad. Simplemente di: «No, no estoy bien». Si eso abre las compuertas, mejor para ti, pero también puedes limitarte a decir: «No quiero hablar sobre eso, pero gracias por preguntar».

Creo que te sentirás aliviado. Y, ¿quién sabe?, quizá descubras que has estado usando una talla incorrecta de brasier durante toda tu vida y salgas de esa conversación como una mujer nueva.

Francamente, creo que todos deberíamos sentirnos más cómodos diciendo/gritando «¡No, no estoy bien, carajo!» no solo en los pésimos días, sino cuando hacemos cosas como caernos de la bicicleta, recibir un pelotazo en la entrepierna o tropezar con un trozo de pasto en el parque y caer de frente delante de un montón de desconocidos. Es catártico. Otras cosas catárticas que se pueden decir/gritar en esos momentos son:

«Santa madre de Dios, qué dolor».

«¿ME VEO BIEN, SUSAN?».

«¿Por qué están ahí parados mirando cuando al menos uno de ustedes podría traerme una bolsa de hielo y un coctel?».

* * *

Y con esto terminamos nuestra ronda de práctica. ¡Increíble! Pronto subiré el nivel para **personas que te caen bien o, incluso, adoras,** así como para **aquellos que tienen tu destino en sus manos (y, a veces, tus cheques).** Pero antes de llegar a eso, quiero desviarme un poco para examinar un tema sorprendentemente común que surgió en mi encuesta.

Después de todas mis preguntas indiscretas sobre subgrupos específicos de personas a las que todos queremos y necesitamos decirles que no, pregunté: **«¿Hay alguien más en tu vida a quien te gustaría poder decirle que no?».**

Y muchas personas respondieron: Yo.[24]

Yo, yo mismo y yo

Algunos de mis encuestados hablaban de **fuerza de voluntad.** Les gustaría poder decir «no» a la voz que hay en su cabeza cuando *quieren* comerse una dona rellena de mermelada, pero también sienten que *no deben* hacerlo porque les estropearía la cena o alteraría sus niveles de azúcar en la sangre.

Otros hablaban de **luchar contra sus demonios internos,** como el perfeccionista que *quería* seguir retocando un proyecto, aunque sabía que *debía* terminarlo lo antes posible. O la persona que intentaba, sin éxito, sofocar el FOMO que la llevaba a aceptar todas las invitaciones, aunque era evidente que *no podía* asistir a todos los eventos.

Bueno, si ellos (y tú) han estado poniendo atención —lo cual estoy segura de que todos han hecho, porque son geniales—, entonces a estas alturas todos deberían darse cuenta de que **no importa** si dirigen su negativa hacia otras personas que agotarían injustamente su presupuesto o si ponen fin a sus propios malos hábitos y comportamientos.

[24] No «yo» en el sentido de tu servidora, aunque estoy segura de que mi esposo respondió la encuesta y probablemente lo desee de vez en cuando. Sino «yo» en el sentido de *ellos mismos.*

TÚ estableces tus límites.

TÚ los haces cumplir.

Como cereza del pastel de nuestra ronda de práctica, tomemos un ejemplo que es muy querido para mi corazón complaciente y perfeccionista:

✱ Planificar y organizar cosas

¿Es halagador que tus amigos y familiares piensen en ti cuando llega el momento de organizar una fiesta increíble, planear unas vacaciones envidiables o trazar un viaje por carretera que haría palidecer a Thelma y Louise?[25] ¿Tiene sentido que tus antiguos compañeros de clase recurran a la persona que se encargó de las ventas de pasteles, las rifas y los preparativos del baile de graduación hace 25 años como la persona lógica para planificar la reunión del próximo verano?

Sí. Todos saben que eres creativo, organizado y confiable.

Además, siempre aceptas este tipo de cosas. Eso también lo saben.

Lo sé… es solo que… ¡soy muy bueno *en eso!*

Sí, okey. Solo porque siempre haces todo bien y correctamente no significa que debas estancarte haciéndolo por todos los demás, todo el tiempo.

---

[25] Personajes principales de la película homónima estrenada en 1991, mismos que hacen un viaje en carretera.

La próxima vez que alguien te pida cuidar a sus gatos o que hagas las tareas que le corresponderían a un conserje, **hazte un favor:** explora a fondo tu «presupuesto para pasar un mal rato», reconoce sus límites, establece algunas reglas (di «no» A ti mismo) y hazlas cumplir (di «no» POR ti mismo).

Entonces, en lugar de tu habitual «sí» automático, da una de estas respuestas polivalentes:

> «Muchas gracias por preguntar, pero me parece bien lo que propongan los demás. No es necesario que yo me encargue de nada».
>
> «Va a ser muy divertido; pero, acá entre nos, prefiero disfrutarlo como invitado, no como anfitrión».
>
> «Uf, el mes pasado me lastimé un músculo planificando y todavía me duele. Esta vez voy a pasar».

¿Entendido? **El «no» siempre empieza por ti.** Comienza por hacerte preguntas sobre el asunto en cuestión:

> *¿Puedo?*
>
> *¿Debo?*
>
> *¿Debería?*
>
> *¿Lo haré?*

Y respóndelas con sinceridad:

No puedo.

No tengo que hacerlo.

No debería hacerlo.

No lo haré.

Debes, como dijo tan acertadamente uno de los participantes en mi encuesta, **«apretar tu propio botón».** Si no puedes establecer límites y hacerlos respetar, nunca podrás decir que no a nada, ni siquiera a un pastelito, a tu perfeccionismo o a la invitación para la inauguración de ese nuevo restaurante de cocina molecular a la cual, de alguna manera, acabaste apuntándote y que no te gustaría ni aunque no tuvieras tres planes para el sábado en la noche.

Una dona no puede obligarte a comerla. **Tú tienes todo el poder en esa relación.**

Una presentación no exige que reajustes cada diapositiva con una fuente ligeramente más atractiva. **Tú decides si eso es realmente un buen uso de tu tiempo.**

Un restaurante no va a quebrar porque no tuviste el tiempo, la energía o los medios para comer un ridículo plato de espuma de apio este fin de semana. **Simplemente puedes hacer clic en NO.**

Por eso se llama *auto*control, superación personal y *auto*ayuda. Oye, yo no hago las reglas, solo los diagramas de flujo.

LA ALEGRÍA DEL «NO»

Antes de pasar a la segunda parte, quiero presentarte un último resultado, quizá menos obvio, pero no menos gratificante, de tu nueva vida de «No, ahora no» y «Nunca más», y es que **cuando aprendes a decir «no» y te mantienes firme, es un avance positivo para TODOS**.

Sí, serás más feliz cuando obtengas más cosas buenas y menos cosas malas de la vida, sobre todo si las cosas buenas equivalen a libertad, una tarde para ti mismo y saldo a favor en tu cuenta bancaria en lugar de en tu tarjeta de crédito; y si las cosas malas equivalen a plazos imposibles, avances no deseados y esos extraños filetes de anchoa que insisten en poner encima de una ensalada César que, de no ser por eso, estaría deliciosa.

Y que tú seas más feliz es mi prioridad número uno aquí. Pero si juegas bien tus cartas, te aseguro que *los demás también serán más felices*.

¿Tus amigos? En lugar de titubear, esquivar el tema y dejarlos en vilo, les darás una respuesta rápida y amable. ¡Te lo agradecerán! ¿No lo harías tú?

¿Tu familia? En lugar de hacer cosas con ellos y para ellos por obligación, avivando el fuego del resentimiento y creando recuerdos equivocados, preservarás la calidad del tiempo que pasas con ellos.

¿Tus jefes, clientes y compañeros de trabajo? En lugar de comprometerte en exceso y correr el riesgo de no cumplir tus promesas, establecerás expectativas realistas que evitarán que se sientan decepcionados cuando te desbordes.

Por Dios, me encanta la gente en la que puedo confiar para responder rápidamente a las invitaciones, especialmente si es para decir que no. Ayudarme a planificar con antelación me demuestra que te importo, mucho más que aparecer por culpa o por sentido del deber y no disfrutar porque en realidad no querías estar ahí.

Decir sinceramente que no puedes hacerme un favor es un favor en sí mismo, así tengo tiempo para pedírselo a otra persona. O no, si tu negativa me hace darme cuenta de que no debería molestar ni a ti ni a nadie más con eso. ¡Así se devuelve un favor, amigo!

Y que seas claro y firme con respecto a tu capacidad o deseo de cumplir un plazo o realizar una tarea me hace sentir muy bien. ERES EXACTAMENTE EL TIPO DE PERSONA QUE QUIERO EN MI EQUIPO.

Sí. Aprender a decir «no» de la manera adecuada, en el momento adecuado, con las palabras adecuadas (y la actitud, las expresiones faciales y los gestos con las manos de manera apropiada) puede mejorar tus relaciones y hacer que todas tus interacciones sean más divertidas y fructíferas.

Esa es la alegría del «no». Y, del mismo modo que con la cocina y el sexo, hay muchas recetas y posiciones que te permitirán conseguirla.

La parte II es donde ocurre la magia.

II

CÓMO DEJAR DE SER UN SABELOTODO:

CÓMO DECIR «NO» A CASI CUALQUIER COSA

Ahora que te diste permiso para decir «no», el resto del libro está repleto de todas las herramientas que necesitarás para hacerlo.

Cubriremos **invitaciones,** desde cenas hasta bodas y entradas a clubes; **favores** (peticiones y ofertas); **pedir permiso y denegar consentimiento; consultas profesionales, exigencias y negociaciones;** y ajustar cuentas con **parejas sentimentales.** Por el camino, ofreceré ejemplos de respuestas negativas para amigos, citas, jefes y mucho más.

Luego, como las cosas tienden a complicarse cuando se trata de personas con las que compartes material genético (o incluso solo el apellido y un plan de telefonía), **hay todo un capítulo dedicado a la familia.** Voy a presentar una amplia colección de **negaciones específicas para padres, hermanos, hijos, tías, tíos, primos y cualquier otra persona con la que estés vinculado por sangre, matrimonio, adopción** o porque tienes una de esas familias en las que llamas tío Bill al amigo de tu padre, aunque en realidad no sea tu tío.

¿Tienes **suegros?** No te preocupes.

A lo largo de la segunda parte, dejaré un poco más de lado la teoría y compartiré varias **anécdotas personales divertidas e instructivas,** y te ayudaré a construir una base sólida y firme para **rechazar, negarte, decir que no, ignorar y optar por no hacer cualquier cosa que tu corazoncito desee.**

O no desee, según sea el caso.

¿Qué esperas?

¡Digamos que no!

INVITACIONES

Fiestas elegantes, reuniones informales, estrenos, rituales chamánicos y unirse al club

Ponte cómodo mientras te expongo las razones por las que no debes responder que *sí* a todas las invitaciones que recibes.

Prueba A: ¿Sabías que «invitación» viene del latín *invitare*, que significa «invitar, agasajar, entretener»? A primera vista, parece algo agradable... si quieres que te inviten, te agasajen y te entretengan, y puedes aceptar. **Pero, al igual que es prerrogativa del anfitrión hacer la oferta, es tuya rechazarla.**

Prueba B: Supongamos que alguien te «invita» a su boda, a la graduación de preescolar de su hijo o a su círculo de percusión bimensual en el parque y te deja claro que espera que digas «¡Sí, sí, un millón de veces sí!». Quien te invita se está comportando como un rey o una reina que exige una representación especial de una obra de teatro porque quiere verla en circunstancias que le resulten agradables y no necesariamente convenientes a los 22 actores de *Sueño de una noche de verano*, quienes pensaron que tenían una noche de verano libre esta semana. **Eso no es una invitación, es un *performance* obligatorio.**

Prueba C: **QUE SE VAYAN A LA CHINGADA.**

Entiendo por qué puedes pensar que decir que no a las invitaciones es difícil. Pero no tiene por qué serlo. Desde galas de etiqueta hasta reuniones informales, pasando por invitaciones para salir o unirte a un club, un comité o una liga de softbol, cada situación puede ser diferente, pero la estrategia al confirmar tu asistencia es siempre la misma: **si no puedes, no debes o no quieres ir, simplemente di que no.**

Ya te di las herramientas para identificar los sentimientos de culpa y obligación, y evitar que prosperen. **Ahora, solo necesitas las palabras** con las cuales rechazar y explicar tu rechazo si lo consideras necesario, aunque yo no creo que lo sea.

Pero, Matt, si sigues leyendo, *¡te esperan más tácticas!*

PRIMERO: UNA NOTA SOBRE EL FOMO

Una parte importante de *Aprende a decir no de una p*nche vez* consiste en **aprender a decir «no» con confianza** en tu forma de expresarte, dirigida a otras personas, pero también en quién eres, qué quieres y qué necesitas para conseguirlo.[26] Esta habilidad te será especialmente útil para lidiar con el FOMO, el

[26] Ahora que lo pienso, combatir el FOMO es un golpe triple de la GMTM: *Relájate un chingo,* un himno a la lógica y la razón; *You Do You,* un manual para la autoaceptación; y el viejo y fiable *La magia de mandar todo a la chingada,* en el que te ruego

cual probablemente experimentará la mayoría de quienes presten mucha atención al capítulo INVITACIONES.

- **Las personas que tienen FOMO pueden ser introvertidas que no se sienten bien con serlo.** Sienten eso como si hubiera algo malo en ellas y DEBIERAN decir que sí porque la gente normal QUERRÍA decir que sí. Si me permites decírtelo, eso es una tontería. No hay nada malo en ti y no dejes que las normas culturales arbitrarias te convenzan de lo contrario. **Tienes que desarrollar la confianza en QUIÉN ERES.**

- **Quienes tienen FOMO también pueden saber lo que quieren, pero no han aceptado lo que tienen que sacrificar para conseguirlo.** Y, lo siento, pero así es la vida. Tienes que tomar decisiones y vivir con ellas, o pasarás tus días y noches tan paralizado por el arrepentimiento que ni siquiera disfrutarás de lo que decidiste hacer en lugar de decir «sí» a lo otro. Si al final sientes que tomaste la decisión equivocada, aprende de ella y aplica esa lección en el futuro. **Necesitas desarrollar confianza en LO QUE QUIERES.**

En el sentido de «perderse» cosas divertidas, el FOMO se presenta en dos formas: **antes y después.**

---

que dejes de preocuparte tanto por las opiniones de los demás. Tienes que admitir que soy consistente.

- **ANTES:** ansiedad e indecisión, alimentadas por el posible arrepentimiento. Estás sopesando tus opciones: lo que QUIERES hacer (decir que no) y lo que te preocupa que DEBES HACER (decir que sí para no perderte la diversión, la oportunidad de reforzar amistades o esos momentos inesperados, extraños y maravillosos que dan pie a las anécdotas de las cenas y de los que luego te quedarás fuera). En este estira y afloja interno, no hay ganadores.

- **DESPUÉS:** ansiedad, alimentada por dudar de la decisión que finalmente tomaste. Estás sentado en tu casa (o dondequiera que hayas decidido estar) y te preocupa haber tomado la decisión equivocada. Esa sensación te dificulta tomar decisiones en el futuro. Vaya, ahora hemos vuelto al ANTES.

La lucha es real y un círculo vicioso. También es puramente emocional, y puedes contrarrestarla con dos de mis cosas favoritas: la **LÓGICA** y la **RAZÓN.** Hazte estas preguntas cuando sientas que el FOMO está al acecho:

- **ANTES**

  ¿Cuáles son las consecuencias de decir que no? *Definitivamente* puedes hacer lo que quieras.

  ¿Cuáles son las consecuencias de decir que sí? Tal vez te diviertas, pero también podrías sentirte tan mal como

Tres cosas que puedes hacer si sientes FOMO

Recuérdate a ti mismo que Instagram se basa en mentiras.
Da gracias por haberte borrado antes de la lista del grupo para organizar la fiesta.
Cambia de opinión, ponte tu mejor ropa de fiesta y ¡sal!

esperabas, que es justo por lo que quieres decir que no en primer lugar.

¿Cuál de esas probabilidades te parece mejor? Listo, ahora haz tus apuestas con confianza.

- **DESPUÉS**

¿Tenías tiempo, energía o dinero para gastar en esta invitación? Probablemente no.

Si lo tenías, ¿querías gastarlo? Evidentemente no.

¿Estás contento con lo que *decidiste* gastarlo? Si es así, ¡disfruta de tu capacidad para tomar decisiones! Si no es así, puedes elegir otra cosa la próxima vez.

Si te sirve de algo, quiero que sepas que confío plenamente en que lo harás bien (al final).

No-Tip: Sal de tu cabeza. Hacerte todas estas preguntas en voz alta puede ayudarte a ver las cosas con más claridad, o incluso a darte cuenta de que estás siendo un poco tonto (especialmente si las haces en voz alta con acento escocés: todos estamos de acuerdo en que es muy pinche encantador).

RSVP, NO TE ARREPENTIRÁS

La última invitación que rechacé fue una cena de cumpleaños de mis mejores amigas.

¿Por qué?

Porque mi esposo y yo íbamos a recibir invitados foráneos ese mismo día y, aunque mi amiga dijo que eran bienvenidos, acababan de llegar después de 18 horas de viaje y no conocían a nadie más de quienes acudirían a la reunión. Y yo no quería participar en una gran cena grupal esa noche haciendo presentaciones y platicando cuando podía estar relajándome en mi propia casa con un par de viejos amigos a los que solo veo una vez cada dos años. ¿Crees que fue grosero o egoísta?

Quizá. Dijiste que es una de tus «mejores» amigas, pero la dejaste plantada en su cena de cumpleaños a pesar de que parece que podías haberlo solucionado.

Okey. Ahora bien, ¿qué pasa si te digo que ya teníamos otro plan para celebrarlo con un paseo en barco un par de días después y que ya le había comprado un lindo regalo? En otras palabras, no soy un monstruo que deja plantados a sus amigos en un día especial: podía festejar con mi amiga de muchas otras maneras y en otros momentos.

Ah, entonces hubo circunstancias atenuantes. Supongo que entonces está bien.

Sí, estuvo bien. Pero eso no viene al caso.

La cuestión es que no necesito que nadie más juzgue por mí, y tú tampoco. **Está «bien» rechazar una invitación por cualquier motivo** y, desde luego, no deberíamos tener que justificar nuestras decisiones ante los críticos, a menos que estemos escribiendo un manual de consejos con el firme propósito de defender este argumento.

No nos corresponde razonar

Ya hablamos de la honestidad en relación con la cortesía, es decir, cuando ser demasiado honesto puede hacer que seas poco cortés. **Pero ser honesto *sin entrar en detalles* tiene sus ventajas, incluso cuando la cortesía no es un factor relevante.**

Notarás que muchos de mis ejemplos de respuesta a lo largo del libro **no necesitan que se dé una razón específica** más allá de «No puedo», «No debería» o «No quiero». En cambio, simplemente **comunican la decisión a la que llegaste** como resultado de esas razones (por ejemplo, «No estaré ahí»), quizá con un toque adicional («¡Pero estaré pensando en ti a la distancia!»).

Esto se debe a que quiero que los consejos de *Aprende a decir no de una p*nche vez* sean ampliamente aplicables, y no conozco tu vida. Pero también es porque **no tienes que justificarte ante los demás** tan exhaustivamente como crees.

Si te resulta útil, no dudes en compartir el motivo específico por el que rechazas la invitación («No puedo ir a la fiesta porque estaré en el funeral de mi abuela»).

Más adelante en el libro abogo por una **mayor franqueza cuando esto te ayude a evitar una situación** similar en el futuro («No puedo ir a la fiesta porque sufro de ansiedad social incapacitante, así que en lugar de inventarme una nueva excusa cada vez que me invitas a algún lugar, voy a ser sincero contigo ahora mismo»).

Y **si tienes un conflicto de agenda realmente importante** (aparte de un funeral, que siempre es una excusa válida) y te hace sentir mejor explicar los detalles en tu rechazo, adelante.

Pero no *tienes que hacerlo.*

De hecho, a veces dar una razón para rechazar una invitación (tú: «No puedo ir a la fiesta porque mañana tengo que madrugar») solo provocará una discusión (tu amigo Krishnan: «¿Quién necesita dormir cuando hay un DJ y barra libre?»).

Si no das una razón, tampoco tendrás que defenderla.

Nadie tiene tiempo para esas tonterías.

Esa sensación después de la fiesta

Volvamos a mi reciente cena de cumpleaños. Le dije a mi amiga: «No vamos a poder ir». Ella insistió un poco, como lo hace la mayoría de la gente, pero me mantuve firme y ella aceptó mi respuesta, y ahí quedó todo.

Espera, espera, retrocede un segundo. ¿Cómo *te mantuviste firme? Literalmente, ¿CÓMO?*

¡Eh, tranquilo! Como ya mencioné, estoy preparando un curso completo sobre este tema. Pero entiendo lo que quieres decir: **mantenerte firme *después* de decir «no»** es una lección tan importante y valiosa como armarse de valor para decirlo.

Aquí tienes algunos consejos rápidos y prácticos para empezar:

PARA CADA ACCIÓN HAY UNA REACCIÓN

El hecho de que alguien exprese su decepción no significa que esté molesto contigo o que intente cambiar tu opinión. Está bien que digas que no. Está bien que reaccionen ante ello, y si dicen: «Qué lástima» u «Ojalá pudieras estar ahí», tómatelo al pie de la letra. Puedes decir: «Lo sé» o «Gracias, ojalá» y calmar la película que te estás creando en tu cabeza (y solo en la tuya).

ES LO MÁS NATURAL DEL MUNDO

Las personas también pueden responder presionando activamente para obtener una respuesta diferente, como con «Qué lástima. ¿Seguro que no puedes venir?» o «¿No podrías darte una vuelta?». Es normal. Todos queremos lo que queremos y, si existe la posibilidad de conseguirlo, muchos no vemos algo malo en insistir (espero que sean muchos menos después de leer este libro, pero no nos adelantemos). No te pongas a la defensiva; lo único que conseguirás es dar a entender que hay motivos para discutir. ¡Y no los hay! Reitera tu postura, es decir, lo que tú quieres, con un «De verdad no puedo, lo siento» o «Desafortunadamente, no va a ser posible». Te sorprenderá lo rápido que terminará la conversación.

CULPÁNDOTE SIN PIEDAD

Si tu adversario está exagerando —con un «¿En serio no vas a venir?» o «Mmmta, nunca pensé que dirías que no»—, pero sigue hablando en lugar de gritarte, esto entra en el territorio pasivo-agresivo que discutimos en la página 71. ¿Y qué hacemos? IGNORAMOS. O respiramos hondo y RECONOCEMOS. Decimos algo como: «Sí, en serio, no voy» o «¡Así es la vida!». Puedes ser honesto y seguir manteniendo la ligereza. La mayoría de la gente no quiere ser mala: cuando ven que no picas el anzuelo, lo más probable es que se retire, acepte tu respuesta y simplemente hable de ti a tus espaldas, como Dios manda.

NO NEGOCIAMOS CON TERRORISTAS

Por último, si rechazaste una invitación y la persona que te invitó está muy molesta, enojada o te amenaza con romper toda relación contigo si no cambias de opinión, tus otros planes o el hecho de que viven a cuatro estados de distancia y un boleto de avión de 400 dólares, vuelve a consultar la página 72: «Hay personas que simplemente no se rinden». Ya sabes lo que tienes que hacer.

Y no olvidemos que se necesitan dos para bailar este son. Le doy mucho crédito a mi amiga del cumpleaños por dejar el tema tan rápido como lo hizo. Todos deberíamos tener la suerte de contar con amigos como ella y de ser como ella. Al fin y al cabo, es mucho mejor ser alguien que acepta un «no» por respuesta que alguien que no puede hacerlo y luego se lo echa en cara a los demás (ten en cuenta que, para alguien así, este libro es un excelente regalo de cumpleaños).

Entonces, ¿cómo puedes obtener resultados óptimos la próxima vez que alguien te invite a un evento al que no puedes, no debes o no quieres ir?

Me alegra que lo preguntes.

ESCENARIO: FIESTAS

✱ Cena[27]

Independientemente de si el día o la hora son convenientes, las comidas en grupo pueden resultar agotadoras para las personas introvertidas, difíciles para quienes están a dieta y demasiado largas para quienes prefieren acostarse a tiempo

[27] También aplica para las fiestas con comida que tienen lugar a primera hora del día. Yo digo que a la chingada el *brunch*.

para que el simpático Trevor Noah[28] les cuente lo que está pasando en el mundo. Personalmente, me gustan las cenas, pero no siempre quiero ir a todas a las que me invitan. Si tú tampoco, deja de ser tan complaciente, supera tu FOMO y di que no.

> «Eres muy amable, pero tengo la semana muy ocupada y necesito una noche libre para no ver a nadie y poder andar en piyama».
>
> «Muchas gracias, pero esta vez tendrás que dejar que otro se deleite con tus berenjenas a la parmesana. *Buon appetito!*».

No-Tip: Añade un cumplido como condimento. Al igual que un *burrito bowl* de chipotle, cada «no» se puede personalizar. A mí me gusta aderezar el mío con la salsa picante de los elogios.

[28] Trevor Noah es un comediante, escritor, productor, comentarista político, actor y presentador de televisión sudafricano. (*N. de la t.*).

✱ Disfraces (fiestas temáticas, fiestas de misterio, etc.)

Ya no son solo para *Halloween* y *Purim*. Si se te antoja esforzarte más de lo habitual en una fiesta, date el gusto. Si no, mejor no.

> «No, gracias. No me disfrazo desde aquella desafortunada fiesta de togas en mi primer año de universidad. Lo hago por una buena razón».
>
> «Por desgracia, las máscaras me agravan la dermatitis».
>
> *Para participar en un disfraz en grupo:*
>
> «Gracias por pensar en mí, pero me temo que si consigo meterme en ese traje de policía de Village People, quizá no pueda quitármelo después».

✱ Ver (los Oscar, los Tony, el Super Bowl, la final de *Bachelorette,* etc.)

¿A quién no le gusta ver en grupo, entre una y cuatro horas, un programa de televisión que quizá no se oiga debido a las conversaciones de los asistentes, sin considerar que haya (o no) asientos adecuados? Adivinaste: a mí. Así es como diría un «no» rotundo, sincero y educado si alguien me pidiera que lo acompañara a una fiesta para ver, por ejemplo, *Hamilton Live!* en Fox:

«Gracias por la invitación, pero como diría el propio Lin-Manuel,[29] voy a tener que rechazarla».

No-Tip: El juego de palabras es tu amigo. Te lo dice alguien que ha logrado escribir cinco libros en cuatro años: siempre hay una letra de canción, un título de película o un juego de palabras ingenioso que te ayudará a superar cualquier bloqueo creativo e, incluso, a redactar una negativa. ¿No puedes asistir a la fiesta del partido entre Walter's Army y Navy? «Lo siento, amigo, pero como [uno de los mariscales de campo del equipo], ese día voy a pasar».

✱ Noche de inauguración (galerías, restaurantes, teatro, etc.)

Para demostrar lo deportista que soy, voy a incluir formalmente en esta entrada las fiestas de presentación de libros y, en realidad, cualquier «fiesta de lanzamiento» (excepto aquellas para celebrar el nacimiento de un bebé, que son un tipo de fiesta de lanzamiento que comentaré más adelante). Amable recordatorio: no estoy diciendo que DEBAS

[29] Lin-Manuel Miranda es un compositor, letrista, actor, cantante, dramaturgo y productor estadounidense, creador y protagonista de los musicales de Broadway *In the Heights* y *Hamilton*.

decir que no a estas cosas. Solo que, si TIENES que decir que no o QUIERES decir que no, repitas conmigo:

> «Me alegro mucho por ti. Pásatela muy bien, estaré pensando en ti aunque no pueda estar allí».
>
> «¡Felicidades por [el evento]! Brindaré por ti a la distancia».

* Cumpleaños

Los cumpleaños son una excusa increíble para celebrar una fiesta, pero si no puedes asistir, no puedes y ni modo. Tu amigo, ser querido, jefe, compañero de trabajo, *roomie,* compañero de escuela, etc., no va a estallar espontáneamente si no apareces, ya sea en la trastienda de un bar local o en la zona VIP del MGM Grand de Las Vegas (yo dije que no a ambas cosas recientemente y mis amistades continúan intactas). Así que, si no puedes asistir, simplemente avisa y sigue con tu vida mientras ellos celebran la suya.

> *Para alguien que conoces y quieres:*
>
> «Siento mucho no poder ir, ¡pero te quiero!».
>
> *Para alguien a quien apenas conoces o simplemente toleras:*
>
> «Suena muy bien, pero mi sombrero de fiesta y yo tenemos otros planes. ¡Que te diviertas!».

Para un niño pequeño:

«Ya tengo planes, pero dile a Skylar que deseo que se la pase bien en el castillo inflable. O lo que sea que entienda a estas alturas. No estoy muy actualizada con respecto al lenguaje de los niños de dos años».

Para un perro:

«Hola, gracias por la invitación, pero mi pierna y yo ya tenemos un plan para el fin de semana».

No-Tip: Trata a los demás como te gustaría que te trataran a ti. Cuando reúnas el valor para decir «no», piensa en cómo te gustaría que otra persona respondiera a tu invitación si no pudiera o no quisiera acompañarte. No querrías que se sintiera obligada a decir que sí, ¿verdad? Exacto.

* Fiestas de entrada a la mayoría de edad y cumpleaños cruciales

Ya sean eventos como cumplir los dulces 16 o llegar al medio siglo, o ceremonias culturales o religiosas como los XV años y los *bar/bat mitzvah*, hay algunas celebraciones de cumpleaños que conllevan una obligación mayor o menor. O debería decir «un sentido del deber». Si no puedes, no debes o no quieres asistir, simplemente toma tu decisión de la forma más educada posible, reconociendo tanto la importancia del evento para la persona homenajeada como tu derecho a vivir tu vida como se te antoje.

> «No puedo creer que estés a punto de cumplir [edad]. ¡Es increíble! Siento mucho no poder estar ahí para celebrarlo contigo en persona, pero espero que la fiesta sea inolvidable».
>
> «Muchas felicidades por tu [cumpleaños crucial]. Siento mucho no poder asistir, pero estoy muy orgulloso de ti y emocionado por ver lo que te depararán los próximos años».

✱ Fiestas de despedida

Si alguien organiza una despedida en un lugar público y concurrido, increíble. Quizá haya comida gratis: también increíble. Pero si no puedes asistir, POR CUALQUIER MOTIVO, tampoco pasa nada. Para los que se dejan llevar, los complacientes y los que siempre quieren sobresalir, esta es su oportunidad:

> «Ah, esa noche no estoy libre, ¡pero mucha suerte en tu próxima gran aventura!».
>
> «Lamento perderme esto, pero ¡espero que la tarjeta American Express de la empresa tenga un último día de trabajo intenso!».

OPCIÓN «NO» Y CAMBIO:

«No puedo ir a la fiesta, pero ¿tienes tiempo para comer o tomar algo antes de que te vayas?».

AVISO CON POCA ANTICIPACIÓN

Muchas fiestas se organizan con poca anticipación, lo que puede dificultar la asistencia. Qué pena, pero si de todos modos habías pensado en rechazar la invitación, alegar que te avisaron con poco tiempo es una táctica útil, ya que da pie a muchas interpretaciones. Para algunos de nosotros, con poca anticipación es cualquier evento que vaya a llevarse a cabo en menos de dos semanas; ese es el tiempo con el que solemos planificar nuestras agendas. Para otros, pueden ser dos días o dos meses. ¿Quién va a controlar eso? Tu amiga Carol apenas puede gestionar su propia vida; probablemente no va a estar controlando tus movimientos durante todo el año para luego acusarte de mentir cuando le digas que su sesión de espiritismo de la semana que viene, a la que solo se puede asistir con invitación, «se presenta, por desgracia, con muy poca anticipación» para que puedas asistir.

✱ *Baby showers*

Aunque te encanten los bebés y las personas que los han traído al mundo, es posible que no quieras o no puedas asistir cada vez que tus amigos y familiares se reúnen para celebrar un embarazo. Quizá el evento sea en otra ciudad y te quede demasiado lejos para darte una vuelta por allá. Probablemente tengas otros planes para ese fin de semana. O a lo mejor te da gripa y no quieres contagiar a nadie en su tercer trimestre, por lo que crees que es mejor decir que no y enviar un regalo que prometes no haber tocado, lamido o respirado sobre él. En cualquier caso, tienes varias opciones:

> «Espero que te la pases increíble y que recibas el amor, la atención y todas las toallitas húmedas para limpiar vómitos que puedas guardar en tu departamento. ¡Las vas a necesitar!».
>
> «No podré ir al *baby shower,* pero te mando un fuerte abrazo a ti y al pequeño que está por llegar... y una máquina de ruido blanco para el cuarto de huéspedes. ¡No puedo esperar para ir a visitarlos!».

✱ Aniversario

¿El cincuenta aniversario de tus padres? Probablemente debas decir que sí por muchas razones. ¿La taquiza que tu amigo organizó porque lleva un año sobrio? Tal vez (te gusta apoyar a los demás. Y te gustan los tacos). Pero hay otras fiestas conmemorativas que quizá no te interesen, o se celebren en momentos inoportunos o en lugares inaccesibles. Dependiendo de las circunstancias, yo diría un «no» rotundo o un «no» y cambio.

> «Esa noche ya tengo planes, pero qué buen motivo para celebrar. ¡Que te diviertas!».
>
> «No podré ir, pero me encantaría verte pronto para celebrarlo».

✱ Jubilación

Algunas de estas no requieren más esfuerzo que levantarte de tu escritorio y dirigirte a la sala de conferencias B a las cuatro de la tarde para brindar con una copa de Prosecco templado por los más de cuarenta años de servicio de Lorna. Otros son eventos nocturnos con un maestro de ceremonias, un DJ y una cantidad excesiva de cocteles Midori Sour y coreografías. En cualquier caso, si tienes que decir que no, hazlo de manera oportuna (es decir, educada) para que el homenajeado o el organizador no se sientan rechazados. Por ejemplo:

> «¡Qué increíble trayectoria! Felicidades, lamento perderme la oportunidad de hacer un brindis vergonzoso en tu honor».

«No podré ir a la fiesta, pero ¿te acuerdas cuando [inserta un recuerdo compartido del trabajo]? Qué buenos momentos. ¡Que disfrutes del golf!».

«Gracias por incluirme en la fiesta de [nombre del homenajeado], pero no podré asistir. Espero que todo salga bien».

¡AY!

A menudo, cuando rechazas una invitación de un amigo o ser querido, te gustaría suavizar el «no» con alguna insinuación del tipo «ojalá pudiera ir», pero también quieres evitar decirlo con precisión por si Maggie se hace una idea equivocada y cambia la fecha de su exposición de cerámica para adaptarse a tu agenda. Si quieres ser amable, pero no quieres dejar la puerta abierta, «¡ay!» es una forma estupenda de cerrarla con suavidad, pero también con firmeza. «¡Ay, no voy a poder!», «¡Ay, ¡tengo otro compromiso ese fin de semana!», «¡Ay, tendrá que ser en otra ocasión!».

Bodas

Escribí extensamente sobre bodas y eventos relacionados (despedidas de soltero/a, *brunches* después de la boda, etc.) en *La magia de mandar todo a la chingada.* Doce páginas enteras, CON DIAGRAMAS. ¿Qué más se puede decir, sobre todo cuando lo único que hay que hacer es marcar la casilla «no» en la tarjeta de confirmación de asistencia que viene incluida y enviarla por correo?

Así es como se dice «no» a una boda, amigo. Es muy sencillo.

Pero quizá estés nervioso porque *sabes* que vas a tener que **dar más explicaciones,** ya sea a los novios, a sus familias o a los amigos que habrían preferido que dijeras que sí para que se pudieran dividir el costo de la renta del auto para ir a New Haven. Te entiendo. Y aunque sigo manteniendo que no tienes que dar explicaciones si no quieres o no te conviene, reconozco que la gente se pone tan estúpidamente nerviosa cuando se trata de bodas que no está de más hacerlo en estos casos.

Para terminar esta sección (y sin repetir todos los consejos que ya te proporcioné sobre bodas), voy a compartir contigo las razones que di para declinar las bodas a las que no pude asistir a lo largo de los años, probadas y aprobadas:

Para una boda fuera de la ciudad que se celebró durante un año en el que estuvimos invitados a otras 11 bodas:

«Lo sentimos mucho, pero ya tenemos un montón de bodas este año y no podemos pedir más días libres».

Para una boda en la costa opuesta que se celebró durante el año de las 12 bodas y que estaría precedida por una despedida de soltera en México:

«Los queremos mucho y estamos muy emocionados por su boda, pero este año tenemos demasiadas bodas y no tenemos suficiente dinero ni días de vacaciones. Podemos ir al viaje a México o a la boda, pero no podemos hacer las dos cosas. ¿Qué prefieren?». (Eligieron México).

Para la boda en California que se celebraba el mismo fin de semana que otra boda cuya asistencia ya habíamos confirmado y para la cual ya habíamos comprado los boletos de avión:

«¡Ay! Ya tenemos una boda en Michigan ese fin de semana».[30]

Para la boda de mi antigua asistente, a la que técnicamente le dije que podría asistir (compromiso verbal, invitaciones previas), pero tuve que cancelar poco después porque una amiga muy cercana planeó su boda para el mismo fin de semana:

«Siento muchísimo tener que hacer esto, pero unos de mis mejores amigos van a celebrar una boda íntima rodeados de todos mis amigos más cercanos. Sabes que te quiero mucho, pero no conoceremos a casi nadie en tu boda y, como aún no has enviado las invitaciones, al menos puedes agregar a dos personas más a la lista de invitados. En su lugar, sería un honor para nosotros llevarlos a ti y a [su prometido] a una cena elegante para celebrar y pasar unas horas agradables con ustedes, algo que no podríamos hacer en su boda.

---

[30] Fíjate en el uso del «¡Ay!».

Espero que lo entiendan y que podamos planear nuestra fabulosa noche muy pronto».

(Lo entendió y lo hicimos).

Para la boda de un viejo conocido en donde nunca entendí bien por qué me había invitado, ya que llevábamos años sin hablarnos:

Marqué «No» en la tarjeta de confirmación de asistencia y envié un regalo. Nadie me preguntó nunca por qué. Y A TI TAMPOCO TE LO PREGUNTARÁN.

No hay necesidad de mentir o de fingir una pérdida auditiva temporal cuando alguien te pregunta por qué no puedes asistir a una boda. **Sé sincero y educado,** y si quieres regalarles a los novios unas pinzas de madera y mármol para ensalada, Crate & Barrel te las puede proporcionar; pero no te sientas *obligado,* mejor consulta el recuadro.

¡YA ESTÁ!

Incluso si tienes que desplegar la alfombra del «no» en determinadas ocasiones, hay otras formas de demostrar tu cariño. Como me encuentro en un momento de mi vida en el que tengo más ingresos disponibles que tiempo y energía, me gusta enviar un regalo en lugar de asistir en persona. Pero si la razón por la que no vas a asistir a la boda (o al crucero de cumpleaños, o a la fiesta de jubilación en el

Derby de Kentucky, etc.) es porque no tienes dinero, entonces lo más probable es que tampoco te puedas permitir enviar un regalo. No pasa nada: no dejes que la cultura capitalista haga que te endeudes con la tarjeta de crédito. En su lugar, podrías grabar un breve video con tu teléfono deseándole lo mejor al homenajeado, llevar unos *cupcakes* caseros al trabajo el lunes siguiente o hacer una apuesta simbólica de un dólar por el caballo que elija tu amigo, y destinar las ganancias a comprarle tantos julepes de menta como te lo permita el premio. ¡Salud!

Reuniones

Es posible que algunas invitaciones para eventos grupales no requieran confirmación de asistencia, pero aun así debes responder. Es de mala educación no presentarse sin avisarle al anfitrión, y hay mejores maneras de cultivar un aire de misterio que comportándote como un imbécil. Consulta la siguiente tabla para ver **algunas respuestas fáciles que pueden funcionar en cualquier situación.**

	¡GRACIAS POR LA INVITACIÓN! PERO ¡LO SIENTO, NO PODRÉ IR!	NO PODRÉ IR, PERO PODRÍA PARTICIPAR DE OTRA MANERA.	GRACIAS, PERO [LAS MULTITUDES/LOS HONGOS MÁGICOS/ESTAR ENCERRADO EN UN ALMACÉN GLORIFICADO] NO SON LO MÍO.
PROTESTA	X	X	X
EVENTO DEPORTIVO	X		X
VELORIO	X	X	X
RITUAL CHAMÁNICO	X		X
ANTRO	X		X
SALA DE ESCAPE	X		X

Ahora te toca a ti. La próxima vez que te inviten a una reunión informal, llena la tabla que te proporcioné y dime si tienes preparadas de una a tres respuestas relevantes. ¡La X marca el lugar!

	¡GRACIAS POR LA INVITACIÓN! PERO ¡LO SIENTO, NO PODRÉ IR!	NO PODRÉ IR, PERO PODRÍA PARTICIPAR DE OTRA MANERA.	GRACIAS, PERO [LAS MULTITUDES/LOS HONGOS MÁGICOS/ESTAR ENCERRADO EN UN ALMACÉN GLORIFICADO] NO SON LO MÍO.

CON LAS MANOS EN LA MASA

Mientras reforzamos tu incipiente práctica de decir «no», quiero refrescarte un poco el tema de la «honestidad y la cortesía». **Cuando intentas rechazar una invitación y no herir los sentimientos de alguien, es posible que sientas la necesidad de inventarte una excusa** que el invitado no pueda interpretar como un desaire. Una apendicitis aguda, por ejemplo. O que te trasladaron al programa de protección de testigos.

Razones poco claras por las que no puedes ir

Compromiso previo.
Otros planes.
Algunas cosas que están pasando.
«Algo».

Aunque en mi tutorial anterior permití mentir para ayudar a alguien a *no* quedar mal, tienes que comprometerte a no quedar como imbécil más adelante. Cuanto mayor sea la mentira, más difícil será mantenerla, **y si te descubren, herirás los sentimientos de la otra persona de todos modos.**

Por ejemplo, si le dices a Nico que no puedes ir a su fiesta de cumpleaños porque tienes que pasar la noche en la oficina y luego te ve haciendo un Facebook Live desde el Dodger Stadium, no solo te descubrirá, sino que lo único que le habrás regalado a Nico por su cumpleaños es que se sienta inseguro.

Incluso si no estás en las redes sociales, participar en este tipo de compromisos implica que, **además de tu agenda habitual, tienes que llevar una agenda mental con todas las cosas a las que dijiste que no y por qué, para no regarla.** Si no tienes cuidado, uno de estos días se te olvidará que le dijiste a Keisha que no podías ir a su fiesta piramidal de Mary Kay —eeeh, fiesta— porque tenías cita con el doctor a la misma hora. Y cuando se te olvide por completo esa mentira el día de la fiesta y le preguntes a Keisha cómo está, vas a necesitar mucha base EndlessPerformance™ Crème-to-Powder para cubrir los moretones que Keisha te propine en el trasero.

Este es otro punto a favor de no dar ninguna razón, pero si crees que debes hacerlo para no herir los sentimientos de alguien, al menos sé impreciso. De esa manera, sea cual sea la verdadera razón por la que dices que no, también será la única que deberás recordar.

No eres tú, soy yo

¿Qué pasa si te sientes tentado a mentir sobre por qué no puedes, no debes o no quieres aceptar una invitación, **no para no herir los sentimientos de otra persona, sino para proteger los tuyos propios?**

Quizá te da pena admitir que la razón por la cual no puedes unirte a tus amigos en una escapada de fin de semana es porque no tienes dinero, o te avergüenza que no deberías ir con ellos porque se van a Atlantic City y tú tienes un pequeño problema con las apuestas. Quizá estás intentando reducir el colesterol y no quieres acercarte al buffet del casino, lleno de tentaciones fritas, pero prefieres no llamar la atención sobre tus verdaderas razones para no ir.

Lo entiendo perfectamente. No digo que debas sentirte raro o avergonzado por nada de eso, pero lo entiendo y solo quiero animarte a que consideres lo siguiente:

En casos como estos, **si eres sincero con las personas de tu entorno que te invitan a cosas *ahora*, estarás sentando un precedente muy positivo que también puede hacerte la vida más fácil y menos incómoda en el *futuro*.** Podrías decir algo como:

«Por favor, no dejen de invitarme a cosas, pero solo para que lo sepan, ahorita mismo ando un poco justo de dinero, así que esta vez no podré ir».

«Me encantaría ir, pero la ruleta y yo no nos llevamos muy bien si sabes a lo que me refiero».

Si pones en práctica decir «no» con especial sinceridad (y educación), los demás pondrán en práctica escuchar y responder de la misma manera.

Revelar tus puntos débiles les ofrece a tus amigos y familiares la oportunidad de ser más sensibles en el futuro y de hacer invitaciones más conscientes. Por ejemplo:

«Sé que no siempre has querido hacer X, pero si quieres venir, me encantaría que lo hicieras».

«Queremos que sepas que estás invitado, pero entendemos si no puedes venir».

Además, ser sincero te ayuda a liberarte de la ansiedad posterior asociada con decir que no. No tienes que preocuparte si la gente se pregunta cuál es la verdadera razón por la que no te unes a las celebraciones, porque YA SE LA DIJISTE.

¿No es un concepto novedoso?

Al final, si quieres mentir compulsivamente, es asunto tuyo. Si contar una historia exagerada resulta ser la forma más fácil, agradable o eficaz de decir que no a algo, no voy a delatarte, pero tampoco a encubrirte. Cabrón, Keisha está *furiosa*.

ESCENARIO: CITAS

En un capítulo posterior entraré a detalle sobre las parejas románticas, y ten por seguro que muchos de esos consejos aplican para cualquier persona con la que salgas de manera casual. Pero antes incluso de llegar a «salir de manera casual», tendrás que decir «sí» cuando te inviten a una cita.

Y quizá no te interese la otra persona.

Con la salvedad de que llevo fuera del mercado desde 1999, me pareció extraño que muchas personas que respondieron mi encuesta dijeran que habían aceptado ir a una cita únicamente porque no querían herir los sentimientos de la otra persona y luego se arrepintieron porque resultó ser exactamente la pérdida de tiempo que creyeron que sería.

Okeeeey... ¿y qué pasa cuando te piden una segunda cita?, ¿o una tercera?

Suponiendo que tu aversión inicial se mantenga, ¿cuánto tiempo y dinero extra en productos para el cabello vas a malgastar en este viaje de culpa autoinfligido cuando **podrías ser sincero y educado,** y decir algo como «No quiero herir tus sentimientos, pero no creo que seamos compatibles» y dejarlo así? Por ejemplo:

Si se trata de una invitación de alguien conocido, ya sea un amigo, un compañero de trabajo o la persona que se sienta frente a ti en el camión todas las mañanas, y quieres responder con naturalidad:

«Para ser sincero, no estoy interesado, pero te agradezco que me lo hayas preguntado y espero que sigamos siendo [amigos/compañeros de trabajo/compañeros de viaje]».

Si no quieres tomártelo con calma:

«Sí... no. No voy a mentir: esto es raro y no estoy seguro de que podamos seguir siendo [amigos/compañeros de trabajo/compañeros de viaje]».

Si es una situación que no te convence:

«Ya vi las fotos y escuché tu presentación, y no creo que esa persona sea, como tú dices, "perfecta para mí". ¿Para alguien? ¡Sin duda! Pero no para mí».

Si se trata de un intento de ligue y quieres ser amable:

«Me halaga mucho que [te hayas acercado a hablar conmigo/me hayas invitado una copa/etc.], pero no creo que haya química entre nosotros. Que pases buena noche».

Si quieres largarte:

«Ni lo pienses».

Si es una cita a ciegas y viste la luz que dice «Alto»:

«Supongo que sientes lo mismo que yo y que esto no va a ir más allá, pero te deseo lo mejor». Honesto, pero sigilosamente educado, este **«no» proactivo** le permite a la otra persona salvar las apariencias al estar de acuerdo, incluso si no siente lo mismo que tú. Elegante.

SÉ QUE CUANDO SUENA ESE TELÉFONO SOLO PUEDE SIGNIFICAR UNA COSA

¿Estás cansada de ser a quien contacten cuando quieren tener sexo casual? Si es así, prueba responder con un GIF diferente cada vez hasta que capte el mensaje. El «NO» del Grumpy Cat y el «Absolutely fucking not» de Leonardo DiCaprio en *El lobo de Wall Street* son dos opciones muy contundentes. También puedes usar el «Poder No»: no contestes, no respondas, no te depiles en el último momento. Mejor aún: silencia por completo ese canto de sirena bloqueando su número. Y mira, si lo que quieres es que tu amable interlocutor te invite a una cita de verdad en lugar de a un encuentro de último momento, tal vez tu ausencia lo motive a invitarte a cenar y al cine la próxima vez. O también podrías invitarlo tú mismo, como un ser humano moderno.

¡Celestina, búscame pareja!

En cuanto a hacer de Celestina, si te incomoda que te pidan organizar citas (o, ejem, otras cosas) entre personas que conoces, también hay un «no» rotundo para eso:

«OYE, ¿ME PUEDES PRESENTAR A...?»	
... tu amigo?	«Si lo hago y funciona, voy a descubrir mucho más sobre tu pene de lo que ninguno de los dos querría que yo supiera».
... tu *roomie*?	«Tienes un cabello precioso, pero no quiero despertarme viéndolo en el desagüe de la regadera».
... tu hermana?	«Prefiero ser el único de nosotros que haya compartido cama con ella, así que no».
... tu jefe?	«Le gustan las personas emprendedoras».
... tu ex?	«No; pero, ya que ves muy normal preguntármelo, supongo que se llevarían muy bien».
... tu papá?	«Rotundamente no».

ESCENARIO: UNIRSE Y PARTICIPAR

Volviendo al club de lectura de Janet y sus travesuras acompañadas de Chardonnay, quiero cerrar el círculo de invitaciones con otras **para *unirse* a cosas, ya sea un club, un equipo o un comité.**

Quizá no tengas tiempo o no puedas pagar la cuota de socio. A lo mejor eres de los que prefieren pasar todo el día jugando *Pokémon Go* en la calle antes que apuntarse a un equipo de futbol o de waterpolo. Sin problema: no hay nada de malo en ser un Pikachu solitario.

Personalmente, tiendo a evitar el juego en equipo porque soy un poco competitiva y no me gusta depender de otros para ganar. Es mejor que simplemente diga: «No, gracias, diviértanse sin mí en la noche de Maratón». Porque si voy y sé que *Mi familia* es la respuesta a «¿En qué serie de televisión se utilizó por primera vez el sonido de cuando le bajas a la taza del baño?», pero los demás idiotas de mi equipo me ignoran y eligen *M.A.S.H.* y perdemos, lo único que puedo decir es: «Se los dije». Y eso nunca es tan satisfactorio como me gustaría.

De todos modos, sea cual sea la razón por la que no quieres participar, puedes manejar esa invitación como si se tratara de una fiesta o una reunión. Sé sincero y educado. Añade un **«Gracias por pensar en mí»** o un **«Ojalá pudiera».**

Y siempre puedes recurrir al clásico **«No tengo tiempo»,** ya que todo el mundo sabe que los torneos por eliminatorias y los comités de planificación te dejan sin tiempo más rápido de lo que tardo en beberme un coco loco en la playa un domingo por la tarde (que, por cierto, es bastante rápido). Algunos ejemplos:

«¿Te interesa jugar en el equipo de softbol de la empresa? Nos vendría muy bien un defensa».

«Créeme, es mejor que te busques a otro. ¡Vayan por ellos, Initech Tigers!».

«¿Te interesaría copresidir el comité de manualidades?».

«La verdad, no. Inscribí a los niños en un campamento para tener algo de tiempo libre este verano».

«La Sociedad de Admiradores del Corgi estaría encantada de contar contigo como miembro».

«¡Gracias por pensar en mí! Me encantan los perros pequeños, pero prefiero disfrutarlos en solitario para poder apreciarlos al máximo».

Por último, esta va dedicada a todos mis pusilánimes. Sé que están ahí y que tienen la suerte de que les pidan subir al escenario.

* Participación del público

Si te ofreciste como voluntario para algo y luego te arrepentiste de tener que escribir a mano trescientas tarjetas para esa cena benéfica o inflar un ramo de globos con forma de pene para la despedida de soltera de tu amiga, lo siento por ti, pero aun así elegiste hacerlo por tu propia voluntad. Sin embargo, si un mago, un comediante o un Blue Man te obligaron a ofrecerte como voluntario y ahora te están cortando en dos, abucheando o cubriendo con gelatina, no fue una pelea justa. En el futuro, algunas formas de evitar ser conejillo de indias bajo coacción son:

> «No, no quiero hacerlo».
>
> Niega enérgicamente con la cabeza.
>
> Señala al chico que tienes al lado.
>
> Grita «¡Yo no!» y tócate la nariz con el dedo en señal universal de que te retiras de la competencia.
>
> «No te atrevas...».

¡MIERDA, SURGIÓ ALGO!

Ya casi terminamos el primer capítulo dedicado a las formas de decir *cha,*[31] así que, naturalmente, es hora de lanzarte una bola curva.

¿Qué pasa si ya aceptaste una invitación, pero ahora te quieres retractar? (quizá porque leíste un libro revelador que te mostró por qué no es bueno decir que sí a todo). Interesante. Déjame preguntarte esto:

[31] Eso es «no» en zulú.

¿Cambiar de opinión significaría dejar a alguien plantado, como decidir que realmente no quieres ser dama de honor en la boda de tu amiga cuando ella ya está caminando hacia el altar al son de la melodiosa voz de Céline Dion?

¿O se trata simplemente de excusarse de un día informal en el estadio (y pagarte tu entrada en la grada en lugar de dos *hot dogs* y una caja de Cracker Jacks)?

Ah, ¿y siempre eres así de apático? ¿O solo es cosa de esta vez?

Si respondes estas preguntas con sinceridad y decides que **las consecuencias de cambiar de bando son manejables y mínimas** en comparación con las de apretar los dientes y aguantar durante tres horas el concierto de coro de cuarto grado de tu sobrina, entonces yo digo que estás en tu derecho de publicar una respuesta actualizada.

Los planes evolucionan. Los compromisos anteriores se recuerdan. Estas cosas pasan.

Reúne todo tu valor, pon tu mejor cara de «lo siento» y manda una actualización. Quizá te resulte un poco incómodo (sobre todo si es la primera vez), pero te sentirás aliviado cuando llegues a tu casa con una copa de Pinot y un plato de papas fritas, poniéndote al día con *Shrill* en Hulu en lugar de escuchar una versión preadolescente de «Let There Be Peace on Earth».

También estridente, pero mucho menos agradable.

NO-NOTAS: EDICIÓN INVITACIONES

Y ahora, para cerrar nuestro capítulo sobre invitaciones y respuestas apropiadas a las mismas, te presento la primera entrega de… ¡*No*-notas!

¿Recuerdas cuando te dije que este libro contendría ejercicios para llenar los espacios en blanco similares a Mad Libs™, pero que no se llamarían Mad Libs™ porque el nombre Mad Libs™ le pertenece a otra persona? Pues son estos.

Las *No*-notas son plantillas que te ayudan a crear una respuesta que se adapte mejor a tu situación particular. Encontrarás tres al final de cada capítulo y, mientras no me decida a sacar una línea completa de libros de actividades *No*-notas, eres libre de fotocopiarlas y engraparlas para crear un libro de referencia al cual recurrir en todas aquellas ocasiones en las que no puedas, no debas o simplemente no quieras hacer algo.

Para las invitaciones, reúne lo siguiente:

- El evento al cual te invitaron.
- Un evento que coincida con ese, si es que lo hay (opcional).
- Un mal pensamiento que *no* le deseas al que te invitó.
- Una expresión de apoyo hacia la persona que te invitó (por ejemplo, «Te quiero», «Estoy orgulloso de ti»).
- Problemas personales que impidan tu asistencia, si es que los hay (opcional).
- Un adjetivo positivo.

A continuación, mezcla y combina para formar tu «no». ¡Así de fácil! Puedes adornarlo después si lo crees necesario, aunque ya sabes lo que pienso al respecto, Matt.

SI NO PUEDES

Por desgracia, no puedo asistir a ______________ (evento al que te invitaron) [porque tengo un(a) ______________ (conflicto, si es el caso)]. Espero que no estés ______________ (sentimiento negativo), sabes que ______________ (expresión de apoyo/cariño/etc.) ¡Que te la pases ______________ (adjetivo positivo)!

SI NO DEBES

Por desgracia, no podré asistir a ______________ (evento al que te invitaron). [Problema personal, si es el caso] se me dificulta hacer este tipo de cosas. ¡Que te la pases ______________ (adjetivo positivo)!

SI SIMPLEMENTE NO QUIERES

Hola, siento no poder ir a tu ______________ (evento al que te invitaron), pero agradezco la invitación. ¡Espero que te la pases ______________ (adjetivo positivo)!

FAVORES

Consejos gratis, préstamos pequeños y grandes peticiones de todo tipo

Quiero que sepas que, si tienes tiempo, energía, dinero y ganas de hacerle un favor a alguien, eso es muy amable de tu parte y mereces ser elogiado por eso. ¡Eres el mejor! Pero también quiero que sepas que ***negarte* a hacer un favor,** ya sea a alguien a quien quieres o con quien vives, o a un desconocido en el *lobby* de un hotel, **no te convierte automáticamente en una persona desagradable.** De hecho, espero que si eres una persona desagradable no estés leyendo mi libro, porque no quiero tu dinero. Las personas desagradables pueden irse a la chingada.

Simplemente dudo mucho que puedas decir que sí todo el tiempo. Ni se debería esperar que lo hicieras. Así que, en este capítulo, te guiaré a través de los «noes» a los recados fáciles y al trabajo físico extenso; a las inyecciones rápidas de dinero y a los rescates financieros importantes; y a las peticiones de consejos profesionales o demasiado personales.

Analizaremos aquellas peticiones que tienes tiempo para considerar y las solicitudes en tiempo real que requieren una acción rápida y decisiva; aquellas en las que el solicitante no ofrece nada a cambio (ya sea porque no tiene nada que ofrecer, porque no es consciente de ello o porque es un poco idiota); y también aquellas en las que el solicitante espera poder devolver el favor algún día (como préstamos monetarios o inversiones), pero a las que aun así tienes derecho a negarte si las condiciones no te parecen adecuadas.

Por último, pero no menos importante: hablaré de los **favores que te pueden ofrecer y que no deseas aceptar.** Porque no todo el mundo quiere otro pedazo de pastel, Gretchen, por muy famosa que sea la receta familiar (a menos que sea de crema de chocolate, en cuyo caso aceptaría encantada el favor de que construyeras una cinta transportadora que fuera directamente del refrigerador a mi estómago vacío. ¡Gracias!).

OYE, ¿PUEDES HACERME UN FAVOR?

Desde «¿Puedes ir a darle de comer a mi perro durante seis semanas mientras me voy a un retiro de yoga con mi nuevo amante?» hasta «¿Puedes terminar este PowerPoint para la reunión de mañana? Tengo boletos para el partido de los Raiders y no podré terminarlo, ¡gracias!». Hay millones de favores que alguien podría pedirte que hagas por él y solo tienes unas pocas horas al día o tu cuerpo puede aguantar solo cierto esfuerzo físico debido a tu edad.

¿Ayuda y rescates ocasionales? ¡No hay problema! Pero si tienes amigos, familiares o compañeros de trabajo que abusan de tu generosidad, ten cuidado, **porque no tienes por qué decir que sí siempre solo porque lo hayas hecho unas cuantas veces antes.**

En su lugar, mantén tu hernia bajo control, tus miércoles por la noche libres y tu bolsa Kate Spade impoluta, sin los calcetines

Favores que la gente puede pedirte y que este libro te ayudará a rechazar

Armar muebles de IKEA.
Compartir auto.
Transportar el equipo pesado que «olvidaron».
Llevar o recoger a alguien del aeropuerto.
Orinar en un vaso para engañar en la prueba antidopaje.
Llevar tu parrilla porque ellos no tienen.
Hacer toda la carne asada porque ellos no saben.
Cargarles todas sus cosas porque ellos no son capaces de hacerlo o de comprarse una bolsa para hombres.

del gimnasio de tu novio, para ello utiliza una de estas **respuestas fáciles y sencillas, adecuadas para la mayoría de las situaciones en las que se piden favores:**

«Lo siento, no puedo».

«No puedo, amigo».

«Esta vez no puedo ayudarte».

«Ay, lo siento, ¡esta semana estoy muy ocupado!».

«No».

¿O qué tal favores grandes, gigantescos y complicados que implican sacrificios grandes, gigantescos y complicados por tu parte? Como... no sé... ¿ayudar a alguien a tener un bebé?[32]

[32] Solo puedo decir que te lo prometí en la página 20 y soy una mujer de palabra. También soy una mujer que repite los chistes hasta que dejan de dar risa y vuelven a ser graciosos (o al menos hasta que yo creo que lo vuelven a ser).

* Donación de esperma, gestación subrogada y otras ayudas para la planificación familiar

Si alguien te pide que le ayudes a tener un hijo, es probable que tengas una relación lo suficientemente estrecha con él como para que esto no sea algo *completamente* descabellado, o al menos eso cree la persona que te lo pide. En cualquier caso, se trata de un tema delicado, y si te lo sueltan de golpe, como el pezón de Janet Jackson en la final del Super Bowl, puedes decir: **«Me halaga que me lo pidas, pero necesito tiempo para pensarlo».** Si finalmente decides que tus nadadores deben quedarse en su carril o que tu piscina está cerrada al público, prueba alguna de estas respuestas empáticas:

> «Te quiero mucho y quiero que seas feliz, pero después de pensarlo detenidamente, no creo que esté preparado para esta responsabilidad».
>
> «Ojalá pudiera ser yo quien te ayudara a formar una familia, pero lo pensé mucho y me di cuenta de que no va a funcionar por varias razones. Si quieres, puedo explicarte mis motivos, pero entiendo que prefieras seguir adelante».

NOTA: Puedes utilizar un lenguaje similar si te piden que asumas la tutela legal de los hijos de alguien en caso de que algo le ocurra a los padres. Curiosamente, ninguno de mis amigos me ha hablado nunca de este tema, pero como dice el lema de la Guardia Costera de Estados Unidos: *Semper paratus!*

OYE, ¿PUEDES RECOGER ALGO EN EL CAMINO?

Este es el trato: si realmente me queda de camino y me lo pidieron antes de pasar por la tienda donde está, y no es algo ridículo como una cuerda de leña o un tanque de anguilas vivas, entonces sí. Pero si es muy incómodo, pesado, peligroso o absurdo y, sobre todo, si esa persona siempre me pide que recoja cosas por el camino y a última hora, entonces no, lo siento, no puedo hacerlo. ¿Por qué? Oh, llego tarde, hace 15 minutos que pasé por el acuario y mi coche ya está lleno de aves marinas depredadoras. Lo siento, ¿quizá podrías pedírselo a Seth? ¡Hasta luego!

Rechazo prematuro

Una parte divertida y educativa de cada **guía para mandar todo a la chingada** es cuando convierto mi vergüenza personal en momentos de aprendizaje. A continuación te presento **la historia de las oraciones de los fieles.**

Imagínate: Irlanda. La Ruta Costera del Atlántico. Verano de 2012. Mi esposo y yo habíamos viajado 4800 km para asistir a la boda de una irlandesa que, además, es una de mis personas favoritas en el mundo. Su nombre es Louise.

Después de disfrutar mi primera Guinness en suelo irlandés (odio contribuir a los estereotipos, pero realmente sabe mejor ahí), pasamos un par de días sin hacer nada antes de la boda. Una de esas tardes, Louise me pidió que la acompañara a resolver algunos pendientes de la boda y concluimos la jornada en casa de sus padres, donde la ayudé a recortar el velo y observamos a unas simpáticas criaturas del bosque saltando por el pasto color verde esmeralda.

Una vez más, Irlanda hace honor al estereotipo.

Fue aquí donde ella planteó la pregunta:

—¿Te gustaría decir unas palabras mañana en la iglesia?

Corte hacia mí, pensando que era extraño que me pidiera levantarme durante su boda y ofreciera, por ejemplo, un brindis en la iglesia, ya que sabe que no soy muy creyente ni me gustan los discursos o la retórica.

Debería haberlo sabido y haberle pedido que me lo aclarara. En lugar de eso, respondí apresuradamente:

—¡Oh, no, no es necesario!

En ese momento de nuestra conversación, Louise parpadeó y dijo con cautela:

—Quizá no me expresé con claridad. Te estoy pidiendo que me hagas el *honor* de leer una de las oraciones de los fieles durante la ceremonia.

Ah, ya entiendo.

Afortunadamente, me concedió una segunda oportunidad y esta vez respondí con un «sí» entusiasta a mi querida amiga, por quien haría muchas cosas que normalmente no hago, como hablar en la iglesia y comer ese jamón blando que los irlandeses insisten en llamar «tocino». Y me complace informar que mi esposo dice que no sonreí ni un poco durante mi turno en el púlpito, a pesar de que la oración que me asignaron era la que le deseaba a la feliz pareja «el golpeteo de pequeños piecesitos».[33]

Así que, querido lector, esta fue tu antigurú amiga y vecina recordándote que **antes de responder negativamente a una petición de favor (o a cualquier petición, en realidad), primero te asegures de que entendiste bien lo que te pidieron.** Por si acaso *a)* en realidad querías decir que sí, o *b)* te habría gustado manejarlo de otro modo.

Sláinte.

OYE, ¿ME PUEDES PRESTAR ALGO DE DINERO?

Regalar dinero es un pasatiempo encantador. Es una de mis cosas favoritas y tengo la suerte de estar en una situación en la que puedo hacerlo con cierta regularidad. ¡Qué bien! Pero eso no significa que siempre lo haga. Tengo mis razones, y probablemente tú también. Quizá podrías regalarlo, pero no quieres. O quieres, pero no deberías. A lo mejor no puedes o no debes, y realmente no quieres explicar por qué. *Touché.*

Como ya sabes, me importan una chingada tus razones. Haz lo que quieras, pero si te cuesta decir que no a conceder préstamos,

[33] —Lo siento —dijo Louise después de que aceptara instarla públicamente a tener hijos, nada menos que en la Casa de Dios—. Sé que odias a los niños, pero no quería darte la oración que habla de los familiares fallecidos y las demás ya estaban comprometidas.

rechazar donaciones o declinar oportunidades de inversión, guarda la cartera.

Esta ronda la pago yo.

Donaciones

«Estoy pasando por una mala racha»

Esta es una excelente respuesta para cualquier ocasión, pero especialmente para solicitudes monetarias. Es honesta, pero educada y también poco específica («Siempre estoy pasando por una mala racha» puede ser más honesto, pero menos educado. ¿Ves cómo funciona?). También es igualmente válida para familiares, amigos y desconocidos. Recuerda lo que comentamos en la primera parte sobre las asociaciones de antiguos alumnos, las campañas políticas y cualquiera que te llame por teléfono para pedirte dinero: seguramente tienen otro número en su agenda. No te cuesta nada dejarlos que lo utilicen.

Otras cosas que quizá no quieras prestar y para las que «Me siento incómodo haciéndolo» también es una respuesta adecuada

Tu cepillo de dientes.
Tu ropa interior.
Tu playera favorita.
Tu primera edición autografiada de *Harry Potter*.
Tu credencial de elector.
Tu auto.
Las únicas tijeras decentes que has tenido en tu vida.

Préstamos

«Esto no va a funcionar para mí»

Una variante del No-Tip «Simplemente no es posible» de la página 55 implica que el problema no sea que *tú* no quieras o no puedas prestar dinero, sino más bien que *las condiciones del préstamo en sí* no sean viables. Quizá no te conviene porque no tienes el dinero o porque ya dijiste que sí tres veces y prefieres no ganarte la reputación de cajero automático andante. O porque, aunque no quieres que tu amigo pierda su casa, tampoco quieres ser el responsable de garantizar su hipoteca sabiendo lo mucho que le gusta el bitcoin. Las razones no importan; tu respuesta sigue siendo «no».

Sin embargo, ¿qué pasa si el problema no es el acuerdo financiero en sí, sino la idea de actuar como el banco oficial de tu amigo o pariente durante cinco o diez años en lo que te devuelve el dinero? En ese caso, siempre podrías **contraofertar con un «No» y cambio:**

> «Me gustaría ayudar, pero no con un préstamo. ¿Qué tal si te doy [una cantidad de dinero con la que te sientas cómodo] sin compromiso y tú lo devuelves algún día?».

Inversiones

«Preferiría no involucrarme financieramente al principio, pero seré el primero en adquirir tu [invención/servicio/etc.] cuando esté disponible. ¡Buena suerte!»

Las oportunidades de inversión son similares a los préstamos, excepto que la devolución (si la hay) suele estar vinculada al rendimiento de un concepto sobre el cual tu amiga Grace tiene aún menos control que sobre la acumulación de su capital inicial. Tu dinero se duplicará *si* el circo acuático para gatos tiene éxito. O tus acciones valdrán algo *si* la empresa de juguetes sexuales que funcionan con energía solar cotiza en la bolsa de valores algún día. Y si el rendimiento potencial de la inversión no vale la pena o parece demasiado arriesgado, **tienes todo el derecho a dejar pasar la oportunidad y contribuir únicamente con tus mejores deseos** para la futura fama y fortuna de tu amigo.

Si no te invitan a la ceremonia de inauguración, no pasa nada. De todos modos, ese día ya tenías un compromiso anterior.

Guiño.

OYE, ¿PUEDO HACERTE UNA CONSULTA?

¡Cuidado con los ladrones de cerebros! Como zombis de la información, se alimentan de tus conocimientos y de la experiencia, adquiridos con esfuerzo y dedicación, y te van *restando* tiempo y energía a medida que *ellos* se informan.

A diferencia de los zombis, no siempre puedes ver venir a los ladrones de cerebros (ya que no tienen carne podrida que se desprenda en pedazos de sus rostros muertos), por lo que depende de ti permanecer alerta, especialmente en cocteles, la fila de los baños públicos en los eventos del sector,[34] y en Facebook Messenger, un servicio que DEMASIADA gente considera adecuado para enviar mensajes inesperados a personas que no conocen o con las que no han hablado en 15 años para pedirles asesoramiento profesional, servicios y contactos gratuitos.

Suspiro.

Ahora bien, para ser justos, a veces permitir que te hagan preguntas es simplemente repetir algunos datos u opiniones que ya conoces. **Es fácil y ganas puntos de karma.**

A veces **no es tan fácil, pero aceptas de todos modos** porque eres amable.

Y otras veces, **simplemente es mucho pedir y tienes que decir que no, aunque te resulte incómodo.**

En cualquier caso, **una vez que te lo pidieron, la pelota está en tu cancha.** Más vale que la manipules como lo haría Serena Williams y pongas fin a la conversación antes de que se te vaya de las manos como en los cuartos de final del Abierto de Australia de 2019.

[34] Hablo por experiencia propia, y desde el baño de mujeres del Staples Center durante la Book Expo America 2008.

¿NOS TOMAMOS UN CAFÉ?

Siempre me han parecido poco atractivas las «citas para tomar café». En parte porque el café es algo que suelo tomar a las carreras a primera hora de la mañana, cuando no estoy en condiciones de platicar ni con mis gatos, y mucho menos con otras personas. Pero también porque, ¿cuántas conversaciones significativas se pueden tener realmente tomando un café? Y menos aún si pides un *expresso*. Organizar todo un encuentro en torno a tomarlo me parece profundamente ineficiente. Y más allá de eso, las invitaciones a tomar café son un precursor conocido de las preguntas indiscretas. Estoy segura de que mucha gente hace este tipo de propuestas sin segundas intenciones, pero cuando oigo «¿Tomamos un café?», me dan ganas de responder: «No, pero puedes pedirme un favor sin tanto adorno y ya veremos qué hacemos».

En las próximas páginas proporcionaré **guiones y estrategias que requieren mucho tacto y diplomacia,** y que te evitarán verte acorralado en el partido de hockey infantil de tu hijo mientras le explicas al papá de Marco los siete millones de pasos necesarios para constituir una organización 501(c)(3) según el código fiscal estadounidense. El hecho de que seas contador no significa que debas «dar cuenta» de la falta de voluntad de otras personas para concertar una cita para una consulta remunerada.

BONO: No solo se te pide que des consejos profesionales de forma gratuita, ¡también se te piden consejos personales! Y a veces eso resulta incómodo por otros motivos. Más adelante compartiré algunos consejos para evitar o poner fin a las conversaciones que te hacen pensar «Mmm».

Aviso previo

Para empezar, supongamos que te pidieron asesoría profesional gratuita de carácter extenso y complejo, y que no tienes ni el tiempo ni las ganas de proporcionarla. Supongamos también que te lo pidieron por escrito (a menudo, estas cosas se hacen por correo electrónico) y que te puedes dar el lujo de tomarte tu tiempo para redactar una respuesta (en unos momentos hablaré de las peticiones en tiempo real. No te pases de listo).

Aquí tienes tres pasos para decir «no» de manera eficaz:

PASO 1: NO TE PRECIPITES

No se trata de una invitación con fecha límite para confirmar tu asistencia. Puedes ser educado sin necesidad de ser especialmente rápido. Recurre a ese talismán que mencionamos en la página 82, o a otra petición de favor que salió mal. ¿De verdad quieres volver a pasar una hora pegado al teléfono como lo hiciste con la tía Marigold de tu amigo, que esperaba que le dieras algunos consejos para conseguir financiamiento para su negocio de productos de higiene personal con CBD? ¿Quieres hacerlo incluso sin la ayuda de una de las bombas de baño de cannabinoides que Marigold, sorprendentemente, aún no empieza a producir en masa?

Si la respuesta es «no», puedes permitirte los diez minutos que te llevará decidirlo y luego escribir una respuesta que transmita tu mensaje de forma amable, pero firme.

PASO 2: SÉ BREVE (Y NO SEAS GROSERO)

Cuando estés listo para dar tu negativa educada, no arruines todo lo bueno que estás a punto de hacer con una frase interminable al estilo de Hemingway. Sé breve y conciso. Añade un «Mucha suerte» o «Siento no poder ayudarte más» y luego despídete, hermano (ve la página 193, hay una *No*-nota para eso).

Y, a menos que se justifique por una petición que sea una auténtica idiotez, como que tu ex mejor amiga de la escuela aparezca en tus mensajes directos veinte años después para pedirte un contacto profesional sin siquiera reconocer o disculparse por lo que te hizo en la fiesta de graduación de 1998 (en serio, qué cinismo), intenta ser amable o, al menos, neutral. Quemar las naves es algo terrible.

PASO 3: SIGUE ADELANTE

Borra inmediatamente el correo electrónico original en el que te pidieron el consejo. No querrás que te persiga en tu bandeja de entrada y te convenza de que eres una persona horrible cada vez que lo veas. Si no tienes cuidado, podrías sentirte culpable y reconsiderar tu decisión, ponerte en contacto con la persona y ofrecerle dos horas de consulta gratuita como castigo por tu falta de decencia.

¡Felicidades! Acabas de dedicarle *más* tiempo a esto.

¿NO CONSIDERASTE BUSCARLO EN GOOGLE?

Juro por Beyoncé que no pretendo ser una hija de la chingada, pero Sergey Brin y Larry Page no amasaron su siniestro y omnisciente imperio de la información para dificultarle su búsqueda a la persona que te pide a ti, un entrenador de atletismo de preparatoria, que le des información sobre los diez mejores programas universitarios de lanzamiento de jabalina para que su hijo adolescente los tenga en cuenta cuando empiece a solicitar un lugar el año que viene. En serio, me llevó menos de cinco minutos encontrar el Proyecto Javelin Gold, una clínica de la Universidad Estatal de Luisiana en la que trabajan varios atletas olímpicos (¡vamos, Tigers!). En muchos casos, Google dará consejos más completos y actualizados de los que podrías dar tú. Siempre que lo señales de forma amable, al final estarás haciéndole un favor a alguien. Qué detalle de tu parte.

No-Tip: Corta, pega y olvídate. ¿Quieres que en tu lápida pongan «El señor amable»? Elabora una breve lista de recursos que puedas enviar fácilmente por correo electrónico cuando la hija de tu quiropráctico desee «venir a una entrevista informativa» y tú quieras ayudarla, pero solo tengas sesenta segundos en lugar de sesenta minutos. Nunca lo hice para personas que querían entrar al mundo editorial, pero tengo un documento en mi laptop listo para enviar con recomendaciones sobre dónde comer y beber en Nueva Orleans, así que siento que estoy contribuyendo a la humanidad.

A continuación te presento los consejos que te prometí sobre las solicitudes en tiempo real, así que saquémoslos de la bandeja de entrada y pasemos a la acción...

El no-mento de la verdad

Si me conocieras en una fiesta, probablemente me considerarías una «persona sociable». Sonrío. Cuento chistes. Enciendo mi encanto, casi siempre con la mayor sinceridad. Pero mi don de gentes me mete en problemas cuando personas que apenas conozco convierten la plática trivial de «¿A qué te dedicas?» en «¡Qué padre! Oye, ¿me puedes hacer un favor?» antes de que llegue la segunda ronda de canapés. Me llevó muchos años y un montón de respuestas afirmativas, como un venado frente a las luces de un carro, descubrir **cómo decir «no» en persona y con confianza.**

Hoy en día, las negativas fluyen con facilidad y naturalidad de mis labios. Se acabaron las pausas incómodas o el frenético buscar excusas en mi mente, y se acabó ceder a la respuesta fácil del momento: «¡Claro que sí!» que me hará reorganizar, con resentimiento, mi lista de tareas pendientes durante la siguiente semana, cuando me cobre factura.

¿Quieres saber cómo lo hago?

No es una trampa. Aquí puedes decir que sí.

La respuesta es que voy preparada. A este truco lo llamo ***«No» antes de salir.***

Por ejemplo, si voy a algún sitio donde pueda surgir el tema de que soy escritora y sospecho que podrían pedirme que lea el manuscrito de alguien —de su hermano o del urólogo de su hermano—, meto en mi bolsa Nine West algunas respuestas preparadas:

> **«¿Puedo enviarte mi manuscrito?».**
>
> «¡Uf, la verdad es que apenas tengo tiempo para leer mis propias páginas!».
>
> **«¿Puedo enviarte el manuscrito de mi hermano?».**
>
> «¡Uf, la verdad es que apenas tengo tiempo para leer mis propias páginas!, pero, por favor, dile que lo felicito por perseguir su sueño».

«¿Puedo enviarte el manuscrito del urólogo de mi hermano?».

«Desafortunadamente, apenas tengo tiempo para leer mis propias páginas, pero si se libera mi agenda y necesito un examen de orina gratuito, quizá podamos hablar de negocios».

Sea cual sea tu área de especialidad, y si crees que la fiesta de inauguración de la casa de tu hermana esta noche es un lugar ideal para encontrar personas interesadas en aprender, tómate un momento para prepararte antes de comprometerte.

Si eres doctor...

«No puedo dar un diagnóstico preciso después de dos martinis, pero te recomiendo que llames a tu médico de cabecera por la mañana».

O si no es una situación en la que puedas alegar intoxicación leve:

«Tengo una política personal que me impide dar consejos médicos fuera de la consulta. Conozco a alguien que fue demandado por eso y por algo peor que esa erupción que me acabas de enseñar».

Si eres abogado...

«En realidad, ese no es mi campo».

O si es tu campo:

«No creo que quieras saber cuánto te cobraría por responder esa pregunta».

Si eres profesor...

«¡Las cosas cambian tan rápido! No sabría por dónde empezar a diseñar un plan de estudios que le garantice a Maximiliano el ingreso a la universidad de su elección dentro de siete años».

Si eres estudiante...

«No tengo ni puta idea de cómo entré a Penn, pero estoy seguro de que si llamas a la Oficina de Admisiones, alguien podrá informarte sobre los perfiles que buscan en sus aspirantes».

Si eres electricista...

«Podría decirte cómo instalar ese ventilador de techo, pero luego sería mi responsabilidad si te electrocutas, y de por sí ya le doy mucho dinero a la aseguradora».

Si eres músico...

«Créeme, no me necesitas. Seguramente ya hay algún video en YouTube donde te enseñen a tocar "Stairway to Heaven"».

Esos ejemplos fueron divertidos y fáciles de imaginar, y ni siquiera tengo nada que ver con esos campos. De seguro, con tu amplia experiencia en la vida real, se te ocurren otros mejores.

¿Por qué no utilizas el espacio de abajo para anotar algunas frases ingeniosas?

«NO» ANTES DE SALIR

____

____

____

____

____

____

____

____

Las posibilidades son infinitas, al igual que la conversación que tuviste con Gerald, del coro de tu tía, quien se enteró de que eres dermatólogo y te preguntó si podías echarle un vistazo a un lunar que tiene en la espalda y que parece grave.

Y ya que hablamos de esto: **no seas como Gerald.**

¿Hay algún médico por aquí?

Hace poco tuve un brote de tiña. Es asqueroso, molesto y un poco aterrador si no sabes a qué te enfrentas, como era mi caso, hasta que fui a un médico hecho y derecho que me examinó, me recetó un medicamento y al que pagué con dinero de verdad por sus servicios (por cierto, así es como descubrí que la tiña es un hongo. Es como el pie de atleta o la tiña inguinal, pero en otras partes del cuerpo. ¡Cada día se aprende algo nuevo, amigo!).

Quizá te preguntes adónde quiero llegar con esta historia. Es comprensible. Soy conocida por mi forma indirecta de llegar al grano.

El caso es que también conozco personalmente a varios médicos, algunos de los cuales son incluso amigos íntimos míos. Pero ¿les envié por mensaje de texto, correo electrónico o mensaje directo fotos de mi herida supurante para que me diagnosticaran e indicaran un tratamiento? No, claro que no. Lo consideré varias veces, pero luego pensé: «Los amigos que pasaron años estudiando medicina, haciendo la residencia, obteniendo becas y cubriendo turnos agotadores de 12 horas en urgencias para llegar a donde están ahora no tienen por qué ser mi doctor personal en línea».

Así que, aunque *Aprende a decir no de una p*nche vez* es en realidad un libro que te ayuda a rechazar peticiones inapropiadas o molestas, considéralo mi anuncio de servicio público en nombre de todos los amigos o conocidos profesionales a los que podrías sentir la tentación de pedirles consejo la próxima vez que se encuentren en una carne asada.

Es una calle de doble sentido, ya lo sabes.

OYE, ¿PUEDO PEDIRTE TU OPINIÓN SOBRE ALGO?

Pasemos de las preguntas profesionales a las personales.

Estas pueden ser sencillas e intrascendentes, como que tu compañera Marsha quiera que le des tu opinión sobre unas muestras de granito para decidir cómo renovar su cocina, o que tú me preguntes si deberías celebrar tu fiesta de cumpleaños en el boliche o en el bar *tiki*. Ambas son excelentes opciones, pero yo voto por las bebidas flameantes.

Podrían ser más serios o complicados, como tu hermana menor que necesita ayuda para elegir una universidad, o tu amiga Anna que cree que, tal vez, es hora de que su hermanita deje de tomar y te pide que le ayudes a elaborar una estrategia.

Las relaciones se construyen, en parte, buscando y dando consejos, y estando disponible para los demás en los momentos difíciles; también con interminables cadenas de mensajes con fotos tuyas en el probador de Target midiéndote trajes de baño que solo verán la luz del día si tres de tus cuatro amigos coinciden en que son [emoji de fuego].

Quizá te guste actuar como caja de resonancia. Y, una vez más, esto no es un tratado en contra de hacer favores y dar consejos. Obviamente me encanta dar consejos, de lo contrario no estaríamos teniendo esta conversación.

***Aprende a decir no de una p*nche vez* está aquí simplemente para esos momentos en los que no puedes, no debes o no quieres entrar en materia.** Quizá sea incómodo. Quizá no tengas tiempo para profundizar en eso justo ahora. Quizá nunca quieras hacerlo. Por ejemplo:

> ¿Debería tu amigo cortar con esa chica con la que piensa casarse y que no deja de pisotear su corazón como si fuera el cristal de su futura boda judía? Sí, pero tal vez él no quiera oír eso de ti. Además, no podrás borrar tu testimonio aunque ellos terminen casándose.
>
> ¿Debería tu compañero de trabajo, que no es precisamente muy brillante, dejar su trabajo antes de saber si fue admitido en el posgrado? Probablemente no, pero es mejor que no te metas en las decisiones de vida de este tipo. Es fanático de Ed Hardy y parece que usa desodorante AXE como enjuague bucal.
>
> ¿Y si tus padres quieren probar el poliamor? ¿Qué opinas al respecto, querido? ¿Algún consejo?

¡ALERTA DE LÍMITES! Mantén a esas ovejas a raya y ***hazte* un favor diciendo que no.** Tanto si no deseas involucrarte de manera inapropiada en la vida personal de un compañero de trabajo como si te preocupa aconsejar a un amigo cercano o a un familiar sobre algo que se sale de tu zona de confort, **tienes dos opciones, campeón:**

FLOTA COMO UNA MARIPOSA

A veces, cuando te enfrentas a una petición clara y específica de consejo personal, la mejor respuesta es una vaga y poco concreta. Por ejemplo, si tu *roomie* te pregunta si debería enfrentarse a una amiga en común por una indiscreción que tuvo el sábado por la noche con el exnovio de alguien, es posible que prefieras no meterte en el tema y evitar que te incluyan en la lista negra de todo el mundo. Algunas respuestas posibles a una petición de este tipo son:

> «No creo que sea la persona más indicada para aconsejarte sobre eso».
>
> «Esta decisión depende únicamente de ti».
>
> «No sé qué decirte».

PICA COMO UNA ABEJA

Otras veces es mejor para todos que expreses tu «no» rotundo con una razón, por ejemplo:

> «No puedo decirte qué hacer porque no entiendo completamente todos los factores que están en juego».
>
> «No debería opinar sobre esto porque sé que no compartimos la misma opinión sobre el posible resultado».

«No quiero darte mi opinión porque me preocupa que pueda interponerse entre nosotros».

> **Cinco frases sin prejuicios y sin compromiso para momentos difíciles**
>
> «Lamento que estés pasando por esto».
> «Lo comprendo».
> «Esto es realmente complicado».
> «¿Crees que te ayudaría hablar con un profesional?».
> «Ya mismo vuelvo con helado».

Recuerda lo que dije en la introducción de este capítulo: negarte a hacer un favor —incluyendo meterte en los asuntos de alguien a petición suya—, no te convierte en una mala persona. Según lo anterior, hay formas honestas y educadas de eludir por completo este tipo de preguntas.

Y si tienes tiempo y energía para hablar, pero crees que no es prudente opinar sobre si Sharon hizo mal en acostarse con P.J. (porque técnicamente, estaban en una pausa...), puedes **limitarte a expresar tu apoyo, tus buenos deseos y tu solidaridad con empatía.**

No infractores seriales

Es posible que haya alguien en tu vida que te pida consejo con regularidad. Incluso podrías decir que es algo constante. Quizá hasta digas: «Dios mío, si me mandas un mensaje más preguntándome si deberías perdonar a Sharon y a P. J., voy a regresar el tiempo y a esterilizar a sus madres yo mismo solo para que esta mierda termine».

En esos momentos, recurre a tu formación en H&C.

No es necesario que seas grosero o despectivo, ni que avergüences a nadie para que se someta. Lo que puedes hacer es **animarlo a que dependa menos de ti y confíe más en su propia capacidad para tomar decisiones.** Al principio te supondrá un pequeño esfuerzo; pero, sin duda, no más del que ya dedicaste como consejero o terapeuta independiente, trabajo, por lo que no cobras y que te quita muchas horas a la semana que podrías dedicar a ver basquetbol universitario o meditar sobre los misterios del universo.

Además, a la larga le estarás ayudando más. Dale un pez a un hombre y comerá hoy; enséñale a resolver sus propios problemas y ganarás horas de tiempo libre ininterrumpido. Es un antiguo proverbio chino. Búscalo.

La próxima vez que tu amigo (o hermano, *roomie,* vecino, etc.) te pregunte por decimoquinta vez qué debe hacer con su empleado delincuente, cómo debe manejar su última ruptura sentimental o su idea de negocio a medio cocinar, prueba una de las siguientes respuestas para que empiece a ver hacia dentro:

«Ya me pediste consejo sobre esto varias veces y seguimos en lo mismo. Quizá sea hora de que confíes en tu instinto».

«Imagina que me fui de mochilero al Himalaya durante un mes y sin señal en el celular. ¿Qué harías tú?».

«Podría darte mi consejo, pero vimos que nunca lo sigues, así que me lo voy a guardar y nos ahorraré a los dos el tiempo que tardarías en "hacer lo que te da la gana". ¿Te parece bien?».

Okey, está bien, lo último fue un poco duro. **Algunas personas necesitan que se les trate con dureza,** especialmente aquellas que te mantienen despierto hasta altas horas de la madrugada, varias noches a la semana, pidiéndote que les describas con todo detalle los pasos que deben seguir para salir de una relación que tienen desde la universidad y que NUNCA evolucionará a una relación adulta madura y gratificante, además de que siempre regresan con el tipo cuya fama se basa en hacer que se pongan un collar de perro como símbolo de lealtad, ¿y sabes qué?

Mazel tov. Yo paso.

ADIÓS, FELICIA

No sé cómo pasé de negarme a recoger una caja de anguilas vivas de camino a una fiesta a terminar una relación tóxica, pero aquí estamos. Se podrían escribir libros enteros, se deberían escribir y probablemente se escriben libros dedicados a decirle «no» al hecho de aceptar a personas negativas y emocionalmente agotadoras en tu vida. Y eso puede parecer una propuesta intimidante, pero ¿es más intimidante que ser maltratado o que habitualmente se aprovechen de ti personas que dicen preocuparse por tu bienestar? Lo dudo. Quizá algún día escriba yo misma un libro sobre el tema porque uf, nene, tengo algunas HISTORIAS. Pero, por ahora, puedes utilizar las herramientas que ya te proporcioné: valorar tus recursos, sopesar las consecuencias, y establecer y hacer respetar tus límites. Tanto si te niegas a dar un préstamo rápido como si rechazas el mal comportamiento de personas tóxicas, decir «Esto no me conviene» siempre es una opción.

UNA OFERTA QUE NO PODRÁS RECHAZAR

Para concluir el capítulo sobre FAVORES con una nota más ligera, veamos otro tipo de **trampas para decir «sí»: los *ofrecimientos* de ayuda.**

Estos pueden presentarse como intentos inocentes de alguien por quitarte un poco de estrés, o como esfuerzos más enervantes por hacer cosas por ti que no deseas que se hagan.

Ya sabes a qué me refiero, cosas como: «¿Seguro que no quieres que le eche un vistazo y te dé mi opinión?» o «¡Necesitas unos calcetines calientitos! ¿Te traigo unos?».[35]

Para facilitarte al máximo la tarea, recopilé una selección de otros ofrecimientos bienintencionados y formas de responder si deseas rechazarlos con elegancia y rotundidad:

[35] Si mi esposo hubiera rechazado el ofrecimiento de unos calcetines calientes —que no necesitaba ni quería, pero que se sintió obligado a aceptar—, quizá nunca se habría resbalado y caído por las escaleras de madera de la casa de mis padres, lo que lo obligó a operarse del hombro cuatro meses después. Vives, aprendes, e insistes en que estás mejor descalzo.

UN «NO» PARA TODA OCASIÓN

OFRECIMIENTO	RESPUESTA
«¿Quieres un poco más de [alimento asqueroso]?».	«No, gracias».
«¿Necesitas ayuda con eso [objeto pesado que casi terminaste de subir por las escaleras y que te obligaría a detenerte y volver a equilibrarlo solo para avanzar tres metros más con ayuda]?».	«No, gracias».
«Tengo boletos para [una banda de *jam* misteriosamente popular], por si te interesa».	«No, gracias».
«¿Podemos documentar tu equipaje de mano [que preparaste con tanto cuidado para no tener que esperar en la transportadora de equipaje una vez llegaras a tu destino]?».	«No, gracias».
«Voy a pedir una Coors Light. ¿Quieres una?».	«Jamás».

Sí, fue una forma un poco rebuscada de expresar algo tan sencillo, pero teniendo en cuenta que estás leyendo un libro de varios cientos de páginas sobre cómo decir una palabra de dos letras, creo que es justo. A pesar de lo que piense Matt en su pódcast, **«No, gracias» es una respuesta totalmente razonable, honesta, educada y adecuada ante una gran cantidad de ofrecimientos.**

Pero si aun así no te es suficiente, siempre están las *no*-notas...

NO-NOTAS: EDICIÓN FAVORES

Reúne lo siguiente:

- Expresión de simpatía o pesar/disculpa (por ejemplo, «Ojalá pudiera ayudar» o «Lo siento»).
- El favor que te pidieron.
- Una razón sincera y educada por la que no puedes/no debes hacerlo (opcional).
- Ofrecimiento de ayuda para otra ocasión (opcional).
- Una solución alternativa para que se haga el favor.

Si no puedes

________________, pero no puedo ________
Expresión de solidaridad/disculpa favor que te

______ [porque yo ______________]. ¿Quizá po-
pidieron razón por la que no puedes

drías intentar ____________? [O, si es posible,
solución alternativa

podría ayudarte ______________.]
marco temporal alternativo

Si no debes

________________, pero no me es posible ____
Expresión de solidaridad/disculpa favor

__________ [porque yo ______________]. ¿Quizá
que te pidieron razón por la que no puedes

podrías intentar ____________ en su lugar? ¡Buena
solución alternativa

suerte!

Si simplemente no quieres

________________ pero eso no funciona para
Expresión de solidaridad/disculpa,

mí. ¿Quizá podrías intentar ____________ en su
solución alternativa

lugar? ¡Buena suerte!

PERMISO Y CONSENTIMIENTO

Un minicapítulo, si me lo permiten

No es necesariamente una invitación, ni siempre un favor: **el permiso es un tipo de petición en sí mismo.**

Por ejemplo, alguien que pregunta: «¿Puedo darte un masaje en los hombros?» técnicamente te está invitando a recibir un masaje, pero no busca tanto una confirmación como tu aprobación para empezar a darte un masaje. Y la señora que te pregunta si quieres cambiar de asiento en el avión para que su perro pueda ver por la ventana, en cierto sentido te está pidiendo un favor (ella y su perro), pero eso es porque sabe que la fila 12 no es el banco de un parque con asientos libres ni puede sentarse donde le dé la gana con su perro; **tiene que pedir permiso, y depende de ti dárselo.**

Luego están las frases ingeniosas como: «¿Ya terminaste con eso?» que en realidad significa «¿Puedo comerme la mitad de tu sándwich?». La respuesta a ambas es «Tranquilo, Slim Jim.[36] Te pasaré mi plato si la respuesta es sí, no antes». Añade un manotazo o un pinchazo con el tenedor si es necesario.

En la primera mitad de este breve capítulo especializado te guiaré a través de algunos escenarios populares en los que se solicita permiso o consentimiento, y te mostraré cómo objetar, desviar la atención o rechazar, según se requiera. En cuanto a la segunda mitad, me parece que un libro sobre cómo decir «no»

---

[36] Slim Jim es una marca de *snacks* de carne seca popular en Estados Unidos (*N. de la t.)*.

estaría incompleto sin abordar **el consentimiento y la denegación del mismo con respecto a las actividades sexuales.**

Así que veamos las peticiones mundanas como cambiar de asiento o que le pongan queso parmesano a tu pasta, y después debatamos sobre por qué no estás obligado en lo más mínimo a tener relaciones sexuales, y cómo hacérselo entender a cualquiera que piense lo contrario.

¿PERMISO PARA ABORDAR, CAPITÁN?

Antes, en cuanto un empleado de un restaurante me recibía en la puerta y me preguntaba: «¿Puedo tomar su abrigo?», mi instinto de complacer a los demás prevalecía sobre mi baja temperatura corporal y me hacía aceptar. ¿Por qué lo hacía? He aquí varias razones:

¿Y si el encargado del guardarropa cuenta con esas propinas?

¿Es de mala educación decir que no?

¿Y si al gerente no le gusta cómo se ven los abrigos colgados en las sillas cuando los clientes finalmente tienen suficiente calor como para quitárselos?

Y, si llega ese momento, ¿el host *se podría meter en problemas por no haberme convencido de quitarme el abrigo?*

No te preocupes, ya sé que son razones ridículas para estar temblando mientras como mi coctel de camarón. Desde «¿Puedo tomar su abrigo?» hasta «¿Le puedo lamer los dedos de los pies, señora?», la realidad es que **cuando *alguien* te pide permiso para hacer algo *contigo*, por *ti* o para *ti*, da por sentado que podrías decir que no.**

No te haría ningún daño hacerlo de vez en cuando.

No-Tip: Di «no» a las preguntas tramposas. ¡Atento, amigo! Si alguien empieza una petición con «¿Te importaría si...?» y te molesta, tienes que decir SÍ, no «no». No te dejes confundir por subterfugios.

Por desgracia, no puedo viajar al pasado para volver a empezar y disfrutar más plenamente de las innumerables comidas heladas que tuve que soportar en restaurantes con aire acondicionado excesivo antes de comprender que estaba bien decir: «No, prefiero quedarme con la única prenda que me separa de un ataque de hipotermia. Me quedo también con la bufanda, gracias».

¡Pero al menos puedo salvarte de un destino similar! Desde peticiones para invadir tu espacio personal hasta aquellas que te quitan más tiempo o que trastocan tus expectativas sobre cómo pensabas que iba a ser la noche, aquí tienes un montón de peticiones de permiso habituales, así como respuestas totalmente legítimas para ellas.

PETICIÓN	RESPUESTA TOTALMENTE LEGÍTIMA
«¿Quiere un poco de pimienta negra recién molida?».	«No, gracias».
«¡Qué perro tan bonito! ¿Puedo darle unas croquetas?».	«Preferiría que no. ¡Gracias por preguntar primero!».
«Un botones de hotel ansioso se acerca a tu única maleta».	«Oh, no, no es necesario. Tiene rueditas y sé cómo funciona».
«¿Me das tu número de teléfono?».	«No».
«Tienes algo en la parte de atrás del vestido. ¿Te lo quito?».	«Gracias, pero yo puedo hacerlo».
«¿Puedo hacerte una pregunta más?».	«No. Ya terminamos».

«¿Puedo llevar a alguien a la boda?».	«Desafortunadamente tenemos que limitar bastante la lista de invitados».
«¿Quieres cambiar de asiento conmigo?» (en general).	«Prefiero no hacerlo».
«¿Quieres cambiar de asiento conmigo?» (en un avión).	«Lo siento, pagué extra por [la ventana/el pasillo/ la fila de salida]».
«No encontramos niñera. ¿Podemos llevar a los niños a la cena?».	«Acabamos de comprar más tarjetas del juego Cards Against Humanity y queremos probarlas. No creo que sean apropiadas para ellos. ¡Qué lástima! ¡Ya será en otra ocasión!».
«¿Puedo quedarme a dormir aquí esta noche?».	«Eh, no. Te pediré un Uber».

Cuando una persona te pregunta si puede llevar a alguien más a tu boda o si le puedes cambiar el asiento del avión junto a la ventana, lo hace porque sabe perfectamente que no es automáticamente aceptable hacerlo sin más. Si **fuera AUTOMÁTICAMENTE ACEPTABLE, no habrían sentido la necesidad de PEDIR PERMISO en primer lugar.** Así es como funciona. Quien pregunta, pregunta. Sin embargo, tú eres libre de responder con un «no» rotundo y seguir con tu vida.

Aquí hace frío.

«NO» SIGNIFICA «NO»

Como bien sabes, soy partidaria de establecer límites —o sea, dar a conocer tus intenciones y preferencias— y de hacerlos respetar —es decir, advertir y aplicar consecuencias a quienes traspasen tus límites—. De hecho, he insistido mucho en los límites a lo largo de la primera mitad de *Aprende a decir no de una p*nche vez* y durante todo el libro *La magia de mandar todo a la chingada*. Sin embargo, ahora me doy cuenta de que nunca he hablado de ellos en lo que se refiere al sexo.

Error mío.

Podría decir que *La magia de mandar todo a la chingada* fue un libro más bobo para una época más boba, aunque eso solo sería parcialmente cierto. Era un libro profundamente bobo, pero la realidad es que todo el tiempo —desde siempre y para siempre— el tema de tener o no relaciones sexuales es muy serio para quienes quieren y no quieren tenerlas. Da la casualidad de que hoy, mientras escribo un libro igual de bobo que espero que sea igual de útil, más personas hablan más abiertamente sobre establecer y hacer respetar nuestros **límites sexuales,** y siento que es más urgente que nunca que sume mi voz al coro.

¿Servirá de algo? No lo sé. Espero que sí. En caso de que no, tampoco hace daño. Así que, sin más preámbulos, voy a soltar **la verdad más verdadera en *Aprende a decir no de una p*nche vez*.** No hay más verdad que esta, amigo.

¿Estás preparado? Voy a dar mi opinión sobre el sexo y el consentimiento:

No importa si estás besando, tocando, acariciando, frotando, lamiendo, frotándote contra alguien o penetrando; puede ser cualquier propuesta sexosa, pero **la persona que la recibe debe tener la oportunidad de indicar su aceptación *antes de que comience* y de hacer una pausa o detenerla por completo en cualquier momento.**

Además, **el consentimiento para mantener relaciones sexuales y realizar actividades sexuales no puede definirse ni entenderse como una mera *ausencia* de negativa.** Debe basarse en un «sí» claro, entusiasta y libre de coacción, sin condiciones ni sorpresas desagradables.

Por lo tanto, permíteme informarte, con claridad y entusiasmo, que tienes derecho a decir «no» al sexo siempre que no puedas, no debas o no quieras tenerlo (o seguir teniéndolo). Por cualquier motivo. Me tomé la libertad de crear una lista inicial con algunos de estos motivos y tienes mi permiso para añadir CUALQUIER OTRO EN CUALQUIER MOMENTO.

LISTA PARCIAL DE RAZONES POR LAS QUE TIENES DERECHO A DECIR «NO» AL SEXO		
Dolor de cabeza	Es martes	__________
Dolor de estómago	Ansiedad	__________
Dolor de rodilla	Tristeza	__________
Ganas de orinar	Falta de tiempo	__________
Agotamiento	Falta de higiene	__________
Embriaguez	Insensibilidad	Etcétera.

Y, en un giro inesperado: **¡NO TIENES QUE DAR RAZÓN ALGUNA!**[37]

«No» significa «no». Siempre ha sido así y siempre lo será. Cuanto más utilicen personas como yo su modesta plataforma y sus incansables dedos para escribir y reafirmar este hecho a personas como tú, más esperamos que sea una idea generalizada en la conciencia pública y vaya minando la idea totalmente irritante

[37] No es un giro inesperado.

y tremendamente errónea de que cualquiera de nosotros le debe a los demás cualquier tipo de acceso a nuestro cuerpo, *siempre*.

Ahora que tengo tu atención, debo decir una cosa más. Esta joya va dirigida específicamente a uno de los participantes anónimos de mi encuesta y también, en general, a todos los demás habitantes del planeta:

Cualquiera que te haga sentir OBLIGADO a tener relaciones sexuales con él/ella o CULPABLE por no hacerlo no es alguien que merezca tener relaciones sexuales contigo.

No tienes por qué participar en el acto más íntimo que puedas imaginar solo porque el otro participante en dicho acto pueda sentirse herido si le dices que no. Se acabó el juego. ¡Gracias por jugar! No lo vuelvas a intentar nunca más.

Ni siquiera tienes que hacerlo si la persona al otro lado se está portando muy bien y, aun así, sigues experimentando una sensación de obligación y culpa *en tu mente* debido a siglos de condicionamiento cultural retrógrado.

Así que voy a decirlo un poco más alto para quienes no escucharon:

LA OBLIGACIÓN Y LA CULPA NO SON BUENAS RAZONES PARA DECIR «SÍ» AL SEXO SI NO PUEDES, NO DEBES O NO QUIERES TENERLO (O SEGUIR TENIÉNDOLO).

Bien, creo que ya terminamos. Buena plática. ¡Cuéntaselo a tus amigos y déjales propina a los meseros!

TRABAJO Y OTRAS TRANSACCIONES PROFESIONALES

Jefes, clientes, compañeros de trabajo, consumidores y proveedores, ¡ay, Dios mío!

Cambiando un poco de tema, y pasando de las relaciones íntimas a las puramente profesionales, abordemos un subconjunto de **«noes» que pueden afectar tanto tu agenda como tu calidad de vida,** al igual que tu **trayectoria profesional, tu reputación y tu cuenta bancaria.**

Los rechazos descritos en este capítulo pueden producirse desde el despacho de una gran empresa estadounidense o desde detrás de la barra de tu cafetería favorita. Al fin y al cabo, un cliente problemático lo es tenga una cuenta de seis cifras o sea un maltipoo[38] ladrador que quiere beber del dispensador de agua del personal.

Empezaré por los **vendedores,** porque, tanto si eres la mejor vendedora de la empresa como si eres un padre que se queda en casa, tienes mucho que hacer cada día. **No necesitas que te agobien *más* cosas innecesarias, improductivas o indeseables cuando sales del trabajo.** Luego te llevaré a la oficina y te mostraré una serie de situaciones en las que **tus compañeros de trabajo, clientes y jefes podrían exigirte demasiado,** y lo que puedes decir para mantenerlos a raya.

---

[38] Mezcla entre las razas de perro bichón maltés y caniche. (*N. de la t.).*

Por último, te daré un tutorial rápido sobre cómo **decir «no» y volver a poner las cosas a tu favor,** ya sea con un posible empleador cuya primera oferta no es lo suficientemente buena, un casero que quiere aumentarte el costo de la renta o Mary Jo, la vendedora del mercado que desea venderte una de sus cangureras tejidas a un precio excesivo. Rechazar invitaciones y negarte a hacer favores puede causar que tengas que hacer menos cosas, gastar menos o esforzarte menos, **pero en un contexto empresarial, decir «no» también puede reportarte *más*** dinero, autonomía, ventajas o una oferta de dos por uno en cangureras. **¡Viva el «no» en los negocios!**

Por supuesto, debes recordar mi advertencia habitual: adelante, di que sí a cualquiera o a todas estas cosas si te parecen lógicas, como hacer algo que se salga un poco de tu descripción de funciones para demostrarle a tu jefe que posees unas habilidades increíbles, o hacerle un descuento a un cliente ahora para que siga acudiendo a ti más adelante.

Pero si no puedes, no debes o simplemente no quieres, **y si las recompensas de negarte superan con creces los riesgos de aceptar, entonces es un «no» rotundo, amigo.**

ESCENARIO: VENDEDORES

Hablamos de este tema en la primera parte, con los vendedores y los trabajadores de servicio al cliente. Ahí nos centramos en los proveedores que te ofrecen algo (o algo extra). Aquí quiero plantear un reto para aquellos que intentan *quitarte algo* o *hacerte algo.*

En lugar de decir «No quiero eso» antes de que te lo den, dirás «No aceptaré esto» cuando ya lo tengas. Esta es una diferencia pequeña, pero significativa en términos de ganar confianza y ser firme bajo presión.

A continuación, te presento algunas situaciones en las que es posible que no quieras aguantar tonterías de nadie y dar un «NO».

- Si tu **PROVEEDOR DE TELEFONÍA** intenta subirte los precios cuando vence tu contrato, dile: **«Soy cliente desde hace X años y no estoy dispuesto a seguir siéndolo si es con una tarifa más alta».** Esto, sin duda, te permitirá renovar tu contrato sin cargos adicionales (lo he hecho más de una vez).
- Si tu **COMPAÑÍA DE TARJETAS DE CRÉDITO** te dice que canceló tu tarjeta por sospecha de fraude y que no puede enviarte una nueva antes de cinco días hábiles, di: **«Me parece que deberían trabajar en eso. Por un 15% de interés anual, de seguro pueden enviarla por FedEx con entrega al día siguiente»** (ya me pasó y lo hice. Malditos *hackers).*
- Si tu **ENTRENADOR PERSONAL** añade más peso a la barra a pesar de tus protestas, dile: **«Sé que te pago para que me lleves al límite, pero hasta aquí llegué».** También puedes recordarle que si *tú* te lesionas la espalda, *él* se quedará sin trabajo durante seis u ocho semanas.

- Si tu **DOCTOR** intenta que entres y salgas de la consulta en menos tiempo del que le tomó a tu malagradecido gato adoptado romperte un hueso de la mano, dile: **«Disculpe, pero no estoy listo para irme sino hasta que haya entendido perfectamente todo lo que hemos hablado en la consulta».** Podría hacer la diferencia entre que valga la pena la cuota que pagas por el servicio médico o irte a casa sin saber bien cuánto tiempo tardará en curarse tu quinto metacarpiano y qué puedes hacer para ayudar a que se cure más rápido. No es como que el señor Stussy o yo sepamos algo sobre el tema, digo.

Todo esto parece factible, ¿verdad? Al menos, puedes intentarlo. Cuéntame cómo te va.

Siguiendo con la escalera metafórica que estructura este capítulo, subamos al peldaño de los **compañeros de trabajo.** No debes seguir aguantando nada que no desees, pero quizá tengas que ser más sutil o menos conflictivo si no quieres problemas o que tu comida desaparezca misteriosamente del refrigerador común.

ESCENARIO: COMPAÑEROS DE TRABAJO

Muchacho, muchacho, si mi encuesta sirve de indicio, estás *demasiado* ocupado haciendo el trabajo de otros. ¿Qué está pasando allá afuera? Eres como un equipo de perros de trineo conformado por una sola persona que día tras día arrastra a sus compañeros hasta la meta, por no decir que les salvas el trasero a los vagos, los olvidadizos y los borrachos cuando no pueden asistir. Limpias los restos de comida que los demás dejan en la sala de descanso, resuelves todos los pendientes de la oficina; pagas la cuenta del bar cuando salen tus compañeros y tú en grupo, y sabes más de lo que nunca quisiste saber sobre las infecciones urinarias recurrentes de Cynthia.

Ustedes (y Cynthia) tienen que trabajar en eso. Permítanme ayudarles.

¿QUÉ PASARÍA SI TU COMPAÑERO DE TRABAJO...

- **te pide ayuda cuando lo que realmente quiere es que hagas todo el trabajo por él/ella?**

«Sinceramente, no tengo tiempo para esto».

«Ahora mismo estoy un poco abrumado».

«NO» Y CAMBIO OPCIONAL:

«No puedo a menos que me quites X de encima. ¿Quieres intercambiar?».

- **te pide que lo sustituyas cuando tiene que salir antes por asuntos familiares, o para sacar al perro porque sabe que no tienes hijos ni mascotas ni nada y piensa que eso significa que no tienes ningún motivo para decir que no?**

«Sí… no. Llevo toda la semana esperando a que llegara mi noche libre».

«Tengo una cita apasionante con Luther».

«Uf, lamento que estés en un embrollo, justamente por eso no tengo [hijos/mascotas]. ¡Buena suerte!».

- **te pregunta si puedes sustituirlo por completo?**

«Ojalá pudiera, pero tengo planes».

«NO» Y CAMBIO OPCIONAL:

«Hoy no puedo, pero si me avisas con un poco más de anticipación, quizá pueda ayudarte otro día».

Si es un infractor habitual:

«Lo siento, esta vez no puedo ayudarte».

«¿Soy yo, o esto se está convirtiendo en una costumbre?».

«No, lo siento».

Si es porque está indispuesto para ir a la oficina porque bebió demasiado la noche anterior:

«Uf. No, pero me tomaré un Gatorade Cool Blue en tu honor. ¡Buena suerte!».

- **se entromete en tu trabajo cuando no lo necesitas o no quieres que lo haga?**

«No, gracias, yo puedo hacerlo».

- **te pregunta si quieres hacer algo después del trabajo?**

«¡Esta noche no, pero gracias!».

«¡Ay!, tengo otros planes».

«Agradezco la oferta, pero extraño mucho a mi [pareja/sillón/tortuga]».

- **te pide que vayas a eventos de *networking* para no tener que ir solo?**

«No, gracias. Odio esas mierdas».

- **te pide que opines sobre su vida personal?**

«Prefiero no hablar de ese tipo de cosas en la oficina».

«NO» Y CAMBIO OPCIONAL:

«Esta conversación parece más adecuada para la hora feliz. Si vas a comprar margaritas al dos por uno, soy todo oídos».

- **te pide que lo lleves al trabajo o que lo recojas de ahí mismo con demasiada frecuencia?**

«Me gustaría seguir ayudándote; pero, sinceramente, el [tiempo de viaje/gasolina/etc.] es demasiado para mí».

- **te pide cigarros todo el tiempo en lugar de comprar su propia cajetilla?**

  Los dos deberían dejarlo. Fumar es muy malo para la salud.

- **te pide que te encargues de escoger y comprar los regalos para los cumpleaños, las bodas y los nacimientos de los hijos de otros compañeros, pero no te paga lo que le corresponde?**

  «Me encantaría contribuir, pero prefiero no ser tu banco».

  O si no puedes contribuir en absoluto:

  «Ahora mismo estoy muy justo y no puedo permitirme pagar el regalo. ¿Podrías encargarte tú esta vez? ¡Gracias!».

- **te pide que asumas la parte tediosa, aburrida o invisible del trabajo para que pueda quedarse con la parte interesante, divertida y que le reporta méritos?**

  «Preferiría dividir las tareas de otra manera. Te explico cómo».

- **te pide que participes en una sesión fotográfica para una crema reafirmante para el trasero porque no consiguieron ninguna modelo y la revista para la que trabajas sale a la venta la semana que viene?**

  «¡Por supuesto que no!».

«NO» Y CAMBIO OPCIONAL:

«Gracias por pensar en mí para esta oportunidad. Me halaga que consideres que mi trasero es digno de aparecer en una publicación nacional impresa, pero lamentablemente debo rechazar la oferta».

Muy bien, pequeño cabrón, ¡estamos en marcha! Es hora de dar un salto hacia los **clientes y consumidores** de los que dependes, de una forma u otra, para financiar tu empleo.

ESCENARIO: CLIENTES Y CONSUMIDORES

Algunos intentan aprovecharse de ti, otros simplemente no tienen ni idea, algunos más no tienen límites ni respetan los tuyos y demasiados dejan que sus hijos saqueen la sección de juguetes como si fueran adictos buscando la última dosis y esperan que *tú* coloques todo en su lugar.

Aun así, si realmente necesitas el trabajo por el que te pagan, ya sea directamente, como con un cliente, o indirectamente, si trabajas en el sector de atención al cliente, tendrás que tragarte tu enojo más de una vez y hacer lo que te pidan. A esto se le llama «ser adulto».

Pero puedes establecer límites, como lo harías con un compañero de trabajo, y expectativas, como las que un jefe establece para un empleado. La próxima vez que alguien del gimnasio en el que trabajas te pregunte si puedes «ocuparte» de esa toalla asquerosa que intentó tirar al cesto sin éxito, ten en cuenta que, siempre que estés dispuesto a asumir las consecuencias, puedes hacer lo que te dé la gana.

Recógela tú mismo, LeBron.[39]

¿QUÉ PASARÍA SI TU CLIENTE...

- **pide demasiados cambios en el último momento?**

«Lamentablemente eso no va a ser posible con el tiempo que nos queda».

«NO» Y CAMBIO OPCIONAL:

«No puedo cambiar el plan en este momento, pero después de que veas mi borrador podemos hablar de los siguientes pasos».

- **pregunta si puedes hacerlo por menos?**

Después de darle un precio:

«No, es lo menos que puedo aceptar si deseas que le dedique el tiempo necesario para darte el resultado que buscas».

«No me es posible hacerlo por menos».

«No, pero si quieres comparar precios, lo entiendo».

---

[39] Se refiere a LeBron James, el famoso jugador de la NBA. (*N. de la t.*).

Después de terminar el trabajo:

«Lamentablemente, el trabajo está terminado y ya ejercí el presupuesto».

«Me gustaría poder ayudarte, pero no puedo hacer descuentos *a posteriori*».

- **te ofrece un trabajo que no quieres?**

«Gracias por pensar en mí, pero no creo que sea lo más adecuado para mí en este momento».

«Agradezco la oferta, pero no estoy disponible» (se sobreentiende «por ese precio», «en ese plazo» o «para trabajar con un imbécil conocido»).

- **desdibuja la línea entre cliente y amigo?**

Si son amigos:

«Lo siento, pero la única forma en que esto va a funcionar para mí es si te trato como lo hago con todos mis clientes».

Si no son amigos y no quieres que lo sean:

«Prefiero mantener una relación profesional».

- **pide un trato especial?**

«Si lo hiciera por ti, tendría que hacerlo por todos [mis clientes/consumidores], y entonces me quedaría sin trabajo».

«Mi jefe no estaría de acuerdo».

«Buen intento, pero es imposible».

«Te quiero, tía Kelly, pero el domingo es mi día libre. Me encantará depilarte el labio superior durante el horario habitual del salón».

AÑADE SONRISAS, RISAS, GUIÑOS O ASIENTE CON LA CABEZA.

OH, NO, POR FAVOR

Si alguien, cualquiera, te pide que mientas o hagas trampa por él/ella en un contexto laboral, DI «NO». ¿Por qué dirías que sí y pondrías en riesgo tu reputación y, posiblemente, toda tu carrera y sustento? Si un compañero de trabajo te pide que le marques la salida para poder irse una hora antes sin que lo detecten, respóndele: «Lo siento, no puedo correr el riesgo y meterme en problemas». Si un cliente te pide que le hagas un trabajo por fuera, de manera informal, para no tener que pagar el precio total que la empresa en la que trabajas le dio, di: «No, no puedo hacerlo». Si tu jefe te pide que le digas a su mujer que estabas con él en su reciente «viaje de negocios» a Puerto Vallarta, contéstale así: «No quiero meterme en eso, Dave».

Y si te cuesta responder, sustituye mentalmente la palabra «pedir» por las consecuencias concretas que tendría la petición de tu compañero, cliente o Dave, por ejemplo: **«Oye, ¿estás dispuesto a arriesgar tu reputación y, posiblemente, toda tu carrera y sustento por mí?»** Si eso no te lleva al infierno más rápido de lo que tarda la señora Dave en llamar a su abogado para pedirle que inicie el trámite de divorcio, no sé qué lo hará.

Hablando de Dave, antes de llevar esta mierda directamente a lo más alto, debería mencionar un aspecto de la renuncia oficial que puede ser especialmente angustiante para un «sí, sí, sí» en particular.

NO DIRÍA QUE LO *EXTRAÑABA:* EL FOMO EN EL TRABAJO

La oficina es un terreno traicionero para todos nosotros; para quienes se esfuerzan demasiado, por obvias razones. Los que se dejan pisotear no saben defenderse en general, así que ¿por qué iban a hacerlo mejor ante una autoridad? Los que quieren complacer a todo el mundo pueden tener jefes, empleados, compañeros *y* clientes a los cuales adular: todo suma, pero no más que la familia, los amigos o los turistas que te piden que les tomes una foto cuando tienes prisa.

Los complejos de esas personas son relativamente similares, tanto en el trabajo como en el ocio, y ya expuse las estrategias básicas para afrontarlos con lecciones sobre cómo valorar tu tiempo, energía y dinero, establecer límites, reconocer la «facilidad» a corto y largo plazo y la culpa justificada e injustificada, y aprender a decir: «Lo siento, no lo siento».

Luego están los FOMO.

Como recordarás del capítulo INVITACIONES, el **FOMO se reduce a la ansiedad por tomar una decisión y por saber si, en retrospectiva, fue la correcta.** Y, en cierto modo, el FOMO profesional es similar al FOMO recreativo:

- Al igual que los introvertidos que se preguntan si hay algo malo en ellos por rechazar invitaciones a fiestas, los que tienen FOMO en el trabajo pueden sentirse inseguros sobre su nivel de ambición o la falta de ella («¿Debería desear más esto? ¿Hay algo malo en mí por no hacerlo?»).
- O bien, se sienten cómodos con su propio *deseo* de decir «no», pero no confían necesariamente en que estén tomando la decisión correcta («¿Estoy siendo poco ambicioso? ¿Me voy a arrepentir?»).

Mencioné anteriormente que no suelo sentir miedo a perderme nada en situaciones sociales. Tengo una idea clara de lo que significa para mí «divertirse» en comparación con «relajarme sola con un libro y sin tener que maquillarme», y me da igual lo que piensen los demás de mí en ese sentido. Yo diría que llegar a este punto con respecto al FOMO profesional requiere la misma lógica, el mismo razonamiento y la misma valoración de las consecuencias que ya mencioné: **tener confianza en QUIÉN ERES y QUÉ QUIERES.**

Pero reconozco que el **FOMO no es todo diversión y «me gusta» en Instagram.**

Hay mucho en juego cuando tu sustento está en riesgo, **y también necesitas la confianza necesaria para ASUMIR RIESGOS CALCULADOS,** especialmente cuando te preocupa que un jefe, un cliente o un socio comercial descontento te penalice injustamente por decir que no («¿Debería ceder? ¿Harán que me arrepienta?»).

En lo que respecta a mi vida profesional, mi determinación para decir «no» ha flaqueado en ocasiones (¿Por qué digo sí cuando quiero decir no? Porque: ¡dinero!, ¡seguridad!, ¡dinero!). Cada vez valoro mejor mi tiempo y mi energía frente a cualquier compensación que me ofrecen a cambio, y exijo más. Pero eso sigue llevándome a decir que sí a menudo a cosas que realmente no quiero hacer, porque el **FOMO me dice que, si digo que no, puedo perder la oportunidad de *hacer* esas valoraciones en el futuro.**

Las oportunidades solo se presentan una vez, ¿cierto?

FALSO.

Sí, hay oportunidades únicas en la vida, como ver el cometa Halley o que los LA Clippers lleguen a la final, y luego está todo lo demás. Así que te diré lo que me digo a mí misma cuando el FOMO empieza a susurrarme al oído.

Si estás contento con lo que tienes, *sigue así* y *di que no.* Un «no» profesional te librará del compromiso y te hará ganar respeto.

> Si estás contento *ahora,* pero sigues teniendo la mirada puesta en el *futuro,* un «no por ahora» mantendrá las puertas abiertas y las oportunidades a tu alcance.
>
> Y si hacer lo que es *correcto* para ti *molesta* a otras personas, entonces, como expresan las inmortales palabras del miembro del Salón de la Fama del Beisbol, Dennis Eckersley: «A la chingada con ellos».

Con eso, seguimos adelante y hacia arriba, hacia nuestro peldaño más alto: el reino de Dave.

¡ARRIBA, ARRIBA Y NI HABLAR!

Hace varios años, quien era mi jefe en aquel momento[40] me preguntó si me gustaría representar a la empresa en un viaje de negocios transatlántico. **Mi yo «sí sí sí» saltó al frente.** Mi yo que siempre quiere sobresalir se sintió halagada por haber sido la primera de mis compañeros en recibir la propuesta y se sintió tentada a añadir otra responsabilidad más a su abultada agenda. La parte de mí que siempre busca complacer temía que mi jefe se sintiera decepcionado si rechazaba la oferta. El pequeño FOMO me advirtió que, si decía que no, la oportunidad perdida podría perseguirme durante el resto de mi carrera profesional.

[40] Un tipo agradable, no como Dave, el de Puerto Vallarta.

Y, sin embargo... no quería ir. No tenía ni tantitas ganas.

En primer lugar, odio volar: tantas filas, gérmenes, asientos incómodos y gente comportándose de la peor manera posible. Lo aguanto por unas vacaciones divertidas, pero en ese momento no me hacía ninguna gracia la idea de llegar a trabajar en una ciudad lejana con dolor de cuello y un resfriado que me habría pegado el niño pequeño del asiento 7C.

Tampoco soy muy fan de las conversaciones forzadas, las cuales habrían sido una parte importante de esta experiencia. Además, sabía que si me iba una semana a Londres, acabaría atrasándome en mis tareas diarias en Nueva York con el *jet lag* de por medio.

¡Cada fibra de mi ser quería gritar: «NO, GRACIAS»!

Sin embargo, no voy a mentirte: no fui capaz de decirlo inmediatamente. Sentí una presión enorme para decir que sí y todo esto ocurrió mucho antes de que me convirtiera en una antigurú y un ninja del «no». Pero es que realmente odio volar, así que en lugar de eso (y presagiando lo que un día se convertiría en un No-Tip en este mismo libro), supliqué un aplazamiento de la ejecución: **«¡Gracias, lo pensaré!».**

Un par de días después, mi jefe me preguntó si ya había tomado una decisión, pues necesitaba una respuesta porque, si yo no podía ir, había otros compañeros que querían aprovechar la oportunidad. En un momento de lucidez o desesperación (¿ya mencioné lo mucho que odio volar?), respiré hondo y le dije la verdad:

—No, no, no quiero ir.

Al principio, pareció sorprendido de que yo, la encarnación del personaje de Reese Witherspoon en *La trampa,* rechazara cualquier oportunidad de superarme. Insistí, compartiéndole todas las razones totalmente razonables por las que no quería ir,[41] y concluí diciendo que, aunque se lo agradecía mucho, creía que debería ofrecerle el viaje a alguien que realmente lo aprovechara y que, sin duda, lo disfrutara más.

¿Y sabes qué? SE LO TOMÓ MUY BIEN. Incluso dijo que a veces le gustaría poder decir que no a los viajes de trabajo y que respetaba totalmente mi actitud de gánster.

Bueno, no con esas palabras, pero algo así.

Lo que aprendí de esa dura experiencia fue que **está bien proteger nuestra salud mental, emocional y física diciéndole que no a nuestros jefes si lo creemos necesario, y que es realista hacerlo.**

No es que vayas al trabajo todos los días a perder el tiempo; si no, no lo llamarían trabajo, lo llamarían *diversión remunerada*. Sabes lo que se espera de ti para ganarte el sueldo y, si te piden que hagas más —como me pasó a mí en esta situación—, puedes establecer límites y hacerlos cumplir según sea necesario.

A veces vale la pena dar un extra para ser útil o causar una buena impresión; otras veces, claramente no. Y *valer la pena* puede significar *ganarse la simpatía, el respeto o la recompensa de tu jefe*, pero también *hacer algo que no quiero y que no debería tener que hacer, pero que vale la pena para no ser castigado o despedido por no hacerlo*. Decidirlo depende de ti. Yo puedo ayudarte a actuar en consecuencia.

La perspectiva de decirle «no» a un jefe puede dar miedo. He tenido un par de superiores que eran realmente malvados y

[41] En este caso, enumerar mis razones resultó liberador.

uno que estaba completamente loco. Pero, en general, todos han sido bastante buenos y, lo que es más importante, todos han sido *humanos.* El tuyo también lo es, lo que significa que probablemente él/ella también desearía poder negarse a hacer lo que le pide su jefe a veces.

Cuando procedes con esa suposición racional en mente, da un poco menos de miedo, ¿no?

Y si **transmites tu «no» de forma honesta, educada y profesional,** es de esperar que tu jefe respete tu actitud de gánster. Quizá incluso llegue a recompensarte por ser honesto, educado y profesional, en lugar de castigarte por ser un títere que se esfuerza demasiado por complacer a los demás y no sabe establecer prioridades.

ESCENARIO: JEFES

A muchos de nosotros nuestros superiores nos piden que nos quedemos hasta tarde o que vayamos a trabajar en nuestros días libres, que asumamos toneladas de trabajo extra sin remuneración adicional y que hagamos cosas que están muy lejos de nuestras funciones, como, en el caso de un pobre desgraciado que respondió a mi encuesta, limpiar la zona del bar donde su jefe había tenido «relaciones» ese mismo día.

Qué asco. Eso es una mierda en más de un sentido.

Y aunque ya no le rindo cuentas a nadie más que a mí misma, en un gesto de solidaridad te ofrezco los siguientes «noes» con los cuales minimizar tu estrés, maximizar tu productividad y neutralizar tu tendencia a renunciar en un arranque de ira en lugar de limitarte a decir: «Lamentablemente, eso no será posible, pero puedo decirte dónde guardamos las toallas».

¿Y SI TU JEFE...

- **exige un plazo demasiado corto?**

  «Eso no va a ser posible».

  «Para ser sincero, creo que puedo hacerlo muy rápido o muy bien, pero no ambas cosas. ¿Qué prefieres?».

- **te pide que te quedes hasta tarde para hacer algo?**

  «Lo siento, hoy no me puedo quedar».

  «NO» Y CAMBIO OPCIONAL:

  «Hoy no me es posible, pero si puedes esperar, sin duda puedo organizarme para apoyarte [mañana/más adelante esta semana/la semana que viene]».

- **te invita a socializar con él/ella fuera del trabajo?**

  «Gracias por la oferta, pero no puedo».

- **te pide que trabajes un día que tenías libre?**

  «Lo siento, ya tengo planes que no puedo cambiar».

  AÑADE DETALLES OPCIONALES:

  «Mi madre me mataría si no estoy en casa para su canto anual del Día del Árbol».

No-Tip: Los chivos expiatorios son los mejores chivos. Si tienes problemas para imponerte, intenta invocar a un tercero como motivo por el que no puedes hacer algo. A tu mujer no le gustaría; tus hijos lo imposibilitan; Dios te está viendo.

- **te pide que hagas muchas cosas adicionales sin remuneración extra?**

  «No creo que sea justo que siga asumiendo más responsabilidades sin recibir una compensación por eso. Espero que lo entiendas».

- **te pide repetidamente que cubras a un compañero inepto?**

  «Creo que no voy a poder terminar todo mi trabajo a tiempo si asumo más tareas de [el compañero que no vale nada]».

  «No me gusta que [el compañero que no vale nada] me ponga en esta situación habitualmente. Espero que puedas hablar con él directamente para que esto deje de afectarme a mí [y al resto del equipo]».

«NO» Y CAMBIO OPCIONAL

«Esto de tener que cubrir regularmente a [compañero que no cumple con su trabajo] no me está funcionando. Pero si estás interesado en combinar nuestros puestos, me encantaría hablar contigo en algún momento sobre la posibilidad de aumentar mis responsabilidades junto con un ascenso y un aumento de sueldo».

- **pide voluntarios para que formen parte de un comité?**

«Prefiero no hacerlo, gracias».

«PODER NO» OPCIONAL CUANDO LA SOLICITUD SE DIRIGE A UN GRUPO DE PERSONAS:

Silencio.

- **espera que cuides a su cachorro en la oficina todo el día?**

«Lo siento, soy alérgico» (aunque no lo seas, es una mentira aceptable para una petición totalmente inaceptable. Amantes de los perros, por Dios, ¿cuándo han visto a las locas de los gatos llevando a sus bebés peludos a la oficina? ¡Nunca! Ellas los tienen apilados en los muebles del patio de su casa que huelen a orina, que es donde deben estar).

- **te pide que hagas otras cosas que no están en la descripción de tu puesto?**

  Si es algo que no sabes hacer:

  «No me gustaría decepcionarte haciéndolo mal. Creo que deberías pedirle a [inserta el nombre del compañero de trabajo adecuado] que se encargue de esto».

  Si es algo que no deberías hacer:

  «Me gusta trabajar en equipo, pero esto no es lo que acordamos».

  Si es algo que simplemente no quieres hacer:

  «Si hay alguna forma de que se lo pidas a otra persona, te lo agradecería».

NOTA EXTRA: Si tu jefe es el tipo de persona que espera que limpies después de sus placeres vespertinos, también podría ser el tipo de persona que no acepta un «no» por respuesta. **¡Prepara tu diagrama de flujo! ¿Cuáles son las consecuencias de decir que no?** ¿Son peores que usar una toalla de bar para limpiar la mancha de humedad? Si es así, ¿estás preparado para afrontarlas?

No puedo decidir por ti, pero te diré que llamar de forma anónima al Departamento de Salud puede ser una forma satisfactoria de relajarte después de un largo día de trabajo.

Doctor No

Oh, mira, aquí va otra de esas anécdotas personales instructivas que me gusta contar cuando surge el momento adecuado.

En la universidad, una de mis profesoras me contrató como asistente de investigación. Me imaginaba que el trabajo consistiría en pasar horas cada semana fotocopiando y clasificando documentos en el sótano húmedo de una biblioteca, y así fue como empezó.

Entonces, un día, cuando le estaba llevando unos papeles a su casa, me pidió que bajara por las destartaladas escaleras hasta el sótano para pasar su ropa de la lavadora a la secadora. Tenía problemas en la cadera y yo ya estaba ahí, así que le dije que sí.

En otra ocasión, me dio el NIP de su tarjeta bancaria y me pidió que sacara doscientos dólares en efectivo para ella. Mi sexto sentido se activaba cada que pulsaba el teclado del cajero automático, nerviosa por si alguna vez perdía veinte dólares y pensaba inmediatamente que se los había robado, y ella era bastante... desorganizada, así que esta posibilidad no era del todo descabellada.

Pero lo hice. «Solo esta vez», pensé, «y si me lo vuelve a pedir, le diré que no me siento cómoda haciéndolo».

La siguiente vez que fui a su casa, la señora «tengo mal la cadera» me indicó que subiera una escalera para limpiar el polvo de sus estanterías mientras ella observaba. Mmm. Cuando terminé, me pidió que vaciara el lavavajillas. Me estaba cansando un poco comportarme como cenicienta, pero necesitaba el dinero y meter copas de vino en una vitrina no es precisamente un trabajo duro. Cuando abrí el lavavajillas y, en lugar de copas, encontré una fila de juguetes sexuales de silicón, caí en cuenta de mi error.

Renuncié por correo electrónico esa misma noche. No recuerdo si se lo dije a mis padres, pero a ella le DIJE que les había contado lo sucedido y que «les preocupaba» que ese trabajo «no fuera lo que yo había aceptado».

¡Chivos expiatorios, al poder!

¿Y si TÚ ERES el jefe?

Dado que los jefes ocupan puestos de autoridad que les facilitan intrínsecamente decir «no», no escribí este libro pensando precisamente en los directores generales. Pero he dirigido empleados en mi vida y sé que puede ser complicado lidiar con los deseos, las necesidades y los errores de aquellos que están por debajo de ti en la jerarquía y de quienes eres responsable. Especialmente si tienes una tendencia a complacer a los demás que no has podido eliminar desde tus propios días en los niveles más bajos de la jerarquía.

Por ejemplo, si diriges una empresa minorista, es posible que los empleados soliciten días libres que **NO PUEDES** concederles porque tu negocio depende del turismo de verano o de las compras navideñas. Depende de ti **comunicarles, de forma educada pero firme, que no es posible.**

Y Glen, de marketing, parece un tipo bastante agradable, pero comete, en promedio, tres errores a la semana y no parece aprender de ellos. Como jefe, tus resultados dependen de la mediocridad que toleres, así que algún día Glen te suplicará clemencia (otra vez) y **NO DEBES** concedérsela **o estarás sentando un precedente muy costoso para todo tu equipo.**

Ah, y tu asistente anhela un ascenso que la sacaría de tu equipo y la llevaría a los escalones más altos de la empresa. Aunque se lo merece, **TÚ NO QUIERES** perderla *y* tener que buscar a alguien nuevo ahora mismo (es tu derecho, al igual que es derecho de ella avisar con dos semanas de anticipación si encuentra una oferta mejor en otro sitio).

¿Qué debe hacer un jefe?

Yo creo que, si eres el jefe y te cuesta decir «no», **hay muchas formas de hacerlo sin tener que convertirte en la Reina de los Dragones con tus empleados.**

Además del «no» estándar, el «no» y cambio, y el «no, por ahora» son excelentes opciones para el personal que necesita tiempo libre («No puedo prescindir de ti en Navidad, pero puedes tener un fin de semana de cuatro días en enero») o para los asistentes que buscan ascender («Ahora no es el momento ideal para perderte y tener que buscar un sustituto, pero si conoces algunos candidatos excelentes y me los presentas, los entrevistaré»).

Así, cuando Glen entre con aire avergonzado la mañana siguiente de su última presentación mediocre y te pida que le des su cuarta segunda oportunidad de la semana, **Glen recibirá un «no» rotundo.**

Sinceramente, si dejar ir a un chico que te cuesta más de lo que gana en comisiones te quita el sueño, quizá no estés hecho para esto de la gestión.

* * *

Ahora que contemplamos la vista desde lo alto, es hora de dar un paso lateral hacia una habilidad que resultará útil a jefes, empleados, proveedores y clientes: la **negociación.**

Al principio de este capítulo te advertimos que te protegieras de estafas, como cuando un médico intenta despacharte demasiado rápido o tu empresa de telefonía intenta cobrarte de más.

Para terminar, quiero mostrarte **cómo puedes sacar aún *más* provecho en determinadas situaciones diciendo «no» en el momento adecuado y de la forma correcta.**

EL PODER DE LA NO-GOCIACIÓN

Por ejemplo, supongamos que tu contrato de renta venció y el propietario te anuncia que aumentará el costo el próximo año. Es obvio que no QUIERES pagar más por el privilegio de vivir en el mismo lugar. Tampoco quieres mudarte ni asumir los gastos y las molestias que conlleva el proceso. Pero si te niegas a pagar más, tu casero podría decirte que lo siente mucho, pero que tendrás que desalojar el inmueble a finales de mes.

Aquí es cuando debes realizar los ejercicios «¿Debo?», «¿Debería?» y «¿Lo haré?» para determinar si TIENES QUE pagar para conservar el lugar y si ESTÁS DISPUESTO a hacerlo. Buen trabajo, y te agradezco que te hayas tomado en serio mi diagrama de flujo.

Ahora es el momento de pasar al siguiente nivel:

- No te preguntes solo cuáles podrían ser las consecuencias para TI si dices que no, sino también cuáles serían las consecuencias para la contraparte.
- ¿Por qué quieren lo que tú tienes (por ejemplo, dinero o mano de obra) y qué tanto lo necesitan?
- Identifica tu riesgo y tu recompensa, y luego haz lo propio con los suyos.

Para que entiendas lo que quiero decir, pongámonos en el lugar de tu casero por un momento. Encontrar nuevos inquilinos también es una molestia. Y si el momento no es el adecuado, se puede perder un par de semanas o meses de renta mientras el departamento está vacío. Tú sabes lo que pagas, así que sabes exactamente cuánto es. Considerado esto, la situación no parece muy atractiva para ninguna de las dos partes.

> Si dices **«Me encantaría quedarme, pero no me alcanza»,** es posible que hagan sus propios cálculos de riesgo/recompensa y renueven tu contrato sin aumentarlo.
>
> También es posible que te respondan: **«Lo siento, chico, tengo cuentas que pagar. ¡O pagas el nuevo precio de la renta o te vas!»** (No sé por qué tu casero habla como un gánster de los años cuarenta, pero cada uno es como es).

Volvamos a tus opciones y sus consecuencias. Pagar más por el mismo lugar no es lo ideal... pero ¿y si es un lugar *mejor?*

Podrías decir: **«No estoy seguro de que el departamento valga la pena en su estado actual por un precio más alto. Pero si haces las mejoras X, Y y Z, estaría encantado de volver a firmar».**

Desde el punto de vista del propietario, un gasto único en efectivo para un excusado nuevo y un bonito juego de persianas podría valer la pena a cambio de un inquilino estable que, en esencia, está dispuesto a amortizar esa inversión a lo largo del año, y te dirá: **«¡Trato hecho, Charlie!»** (tu nombre no es Charlie).

O simplemente podrías seguir adelante y descubrir el farol del Sr. Roper.

LA HUIDA

Si estás dispuesto y eres capaz, *siempre* puedes negociar a la baja desde tu posición ideal. Pero si estás dispuesto a arriesgarte, también puedes irte sin más. Di algo como: «No hay problema, lo entiendo. Parece que llegamos al final de nuestra negociación. ¡Que tengas un buen día!», y luego ve qué pasa. Si la otra parte de la negociación necesita tanto lo que tú tienes, es muy posible que te grite: «¡Espera un momento! Eres un negociador duro, pero me gusta tu estilo», mientras te alejas (aclaración: yo no inventé la técnica de «la huida», pero si es la primera vez que oyes hablar de ella, me alegro de que me des el mérito. Así ambos sacamos algo del trato).

La no-gociación funciona en todo tipo de situaciones, tanto si se trata de dinero en efectivo como si no. Aquí tienes algunas formas más de sacarle partido a tu postura firme:

✱ ¿Te asignaron un proyecto o un cliente que no te gusta?

Dilo. Acércate a tu jefe con sinceridad y educación, y expón tus dudas. Di: «No me gustaría trabajar [en esto/con ellos] y estas son mis razones». Aprovecha la oportunidad y proponte para la misión o el equipo que prefieres. Tanto si ya eres un mando intermedio como si acabas de empezar como becario, créeme, nadie ha pensado tanto en tu trayectoria profesional como TÚ. Y si consigues comunicar tus objeciones y objetivos de manera convincente, podrías decirle «adiós» a una tarea indeseable y darle la bienvenida al departamento de tus sueños.

✱ ¿Recibiste una oferta de trabajo que no es lo suficientemente buena?

Rechazala explicando que te encantaría aprovechar esta oportunidad, pero que el sueldo es demasiado bajo para dejar tu trabajo actual. Incluso puedes ofrecerles una cifra objetivo, un «No» y cambio, y ver qué pasa (apunta alto para tener margen de negociación y llegar a algo que funcione para ambas partes).

Si te dicen que ya llegaron a su límite, entonces no tienes por qué aceptar un trabajo que realmente no te da lo que necesitas. Pero si vuelven con un sueldo mayor o comisiones, habrás conseguido un buen aumento sin decir nada. ¡Te toca invitar los tragos!

O tal vez no cedan en cuanto al dinero, pero tú sigues queriendo salir de tu situación actual y entrar en esta. Podrías decir: «El sueldo es demasiado bajo para que acepte su oferta tal y como está. ¿Qué pueden ofrecerme en cuanto a un ascenso?». Asistente frente a gerente asociado puede que no signifique mucho para ti, pero si te lo ofrecen, un título mejor te colocará en una posición más ventajosa la próxima vez que busques trabajo. Algo en lo cual pensar.

✱ ¿Te ofrecieron un ascenso que no deseas?

No todo el mundo desea pasar de mesero a gerente de bar o de dependiente a la oficina central. Si no te atraen ni el cambio de ambiente ni el estrés adicional que conlleva una mayor responsabilidad, no pasa nada por decir que no. Alguien más tendrá la oportunidad de ascender y tú conservarás tu calidad de vida. No todas las ganancias se miden con las palabras de una tarjeta de presentación o los números de una nómina.

NO-NOTAS: EDICIÓN EMPRESARIAL

¿Recuerdas el entrenamiento previo de la página 162? Esos consejos también te serán útiles aquí: no respondas de inmediato, no seas grosero y sé breve. Consigue un montón de «Noes» profesionales con lo siguiente:

- Un saludo cortés (por ejemplo, «Estimado Jim» o «Buenos días»).
- Lo que se te ofreció o pidió que hagas.
- Una razón por la que no puedes/no debes hacerlo (opcional).
- Una frase que describa la finalización de la oferta/tarea (por ejemplo, «Resuelto», «Atendido», «Solucionado»).
- Una despedida cortés (por ejemplo, «Atentamente» o «Saludos»).

SI NO PUEDES

______________,
Saludo cortés

Desafortunadamente, ____________________________ no
lo que te ofrecieron/pidieron que hagas

será posible [porque __________________]. [Agrega un
razón por la que no puedes

«No» y cambio opcional o un «No por ahora».]

______________,
Despedida cortés

____
Tu nombre

SI NO DEBES

______________,
Saludo cortés

Desafortunadamente, ____________________________ no
lo que te ofrecieron/pidieron que hagas

será posible [porque __________________]. Siento
razón por la que no puedes

no poder ser de más ayuda en este caso, pero te deseo lo mejor para conseguirlo.

____________________________.
Frase que describa la finalización

______________,
Despedida cortés

____
Tu nombre

SI SIMPLEMENTE NO QUIERES

______,
Saludo cortés

Desafortunadamente, ______ no
lo que te ofrecieron/pidieron que hagas

será posible. Siento no poder ser de más ayuda en este caso, pero te deseo lo mejor para conseguirlo.

______.
Frase que describa la finalización

______,
Despedida cortés

______
Tu nombre

PAREJAS

Sexo, dinero, comunicación, reparto de tareas y depilación de espalda

Hemos trabajado diligentemente para pasar de personas que no conoces, no te gustan o no te importan, a aquellas por las que de alguna manera tienes que preocuparte para poder hacer tu trabajo o ganarte la vida. Y ahora estamos llegando a aquellas **personas que te importan mucho, y de manera voluntaria.** Tanto si tienes, has tenido o esperas tener alguna vez una **pareja sentimental,** sabes que este tipo de relaciones conllevan exigencias y expectativas que van más allá y que son diferentes de las de los jefes, los compañeros de trabajo, los amigos o los *roomies.*

Por ejemplo: «¿Quieres que criemos a nuestros hijos como católicos?». O: «¿Te interesa probar la postura de la vaquera inversa?».

Cuando tienes una relación íntima con alguien —vives, duermes, tienes relaciones sexuales, comes, tienes mascotas, crían a sus hijos juntos—, **puede parecer que no quedan límites.** O que no puede ni *debe* haberlos, porque ¿qué es el amor si no es conceder a otra persona la llave de tu corazón y de las puertas del «por supuesto que no»?

¡Eh, compañero, espera un momento! Todas las relaciones se nutren **de límites normales y saludables.** Desde decisiones financieras mutuas hasta intereses no compartidos, tareas comunes y peticiones desagradables, en este capítulo exploraremos una variedad de situaciones en las que debes, deberías o quieres decir «no» a tu pareja, y luego cómo hacerlo sin romper inconscientemente la relación, a menos que romper la relación sea el objetivo. También hablaré de eso.

ESCENARIO: PAREJAS

Dicen que las dos mayores tensiones en cualquier relación romántica son **el dinero y el sexo.** No soy terapeuta de parejas acreditada, pero los resultados de mi encuesta indican que debería ampliar estas presiones para incluir cuestiones **profesionales, el trabajo emocional y físico, las críticas y la relación con los suegros** (si procede).

Pero, ante todo, aunque las parejas que aparecen en los programas de renovación de viviendas te hagan creer que lo importante es tener dos lavabos en el baño principal, **la verdadera clave para una relación satisfactoria es la buena comunicación.**

Empezaremos por ahí, ya que no tiene sentido soltar el micrófono si ni siquiera está encendido.

Él dijo, ella dijo, ellos dijeron, nosotros dijimos

Al principio, es necesario comunicar si *son* o no una «pareja», así que empecemos por aclarar su situación:

¿QUÉ PASA SI LA RESPUESTA ES «NO» CUANDO TU PAREJA...

- **te pregunta si quieres que sean exclusivos o que se llamen *novio* y *novia* (o como sea que se definan los jóvenes hoy en día)?**

  «No, eso no es lo que estoy buscando».

  «NO POR AHORA» OPCIONAL

  «No estoy seguro de sentirme listo para tener esa conversación. Veamos cómo fluyen las cosas durante las próximas [semanas/meses] y quizá podamos volver a hablarlo».

  «Todavía no me siento listo, pero eso no significa que no lo vaya a estar».

- **te pregunta si quieres irte a vivir con él/ella?**

  «No, estoy contento con cómo están las cosas por ahora».

  «Necesito tiempo para pensarlo».

«Me gusta tener mi propio espacio al cual volver, pero creo que llegará el día en el que estaré listo para dar este paso».

- **te pide que vuelvan después de haber cortado?**

«Eso no va a pasar».

«Siento que nuestra relación terminó donde y cuando tenía que terminar».

«No, gracias, estoy bien».

- **te pide matrimonio?**

La vida no es solo comedias románticas y novelas de Nicholas Sparks. Por cada video viral de una propuesta de matrimonio, hay una pareja que simplemente no está destinada a estar junta, y quizá solo uno de los dos lo sabe. Si te encuentras en una de estas relaciones desiguales, o incluso en una que algún día podría convertirse en matrimonial, pero ese día no es, en tu opinión, *el adecuado ahora mismo* o incluso *en un futuro próximo*...

> **No digas que sí solo porque no quieres herir los sentimientos de tu pareja.** Le harás más daño si mañana cambias de opinión, cancelas la boda el año que viene o la condenas a un matrimonio falso y a un eventual divorcio. **No digas que sí solo porque te agarró desprevenido** y te gustaría pensarlo, pero no estás seguro de si «se te permite» hacerlo (sí se te permite).

No digas que sí solo porque temes que, si la rechazas, perderás tu única oportunidad de casarte, aunque no quieras casarte con esa persona. El FOMO es la peor razón para comprometerse, seguida muy de cerca por «necesitar un juego nuevo de sartenes antiadherentes».

Di «No», di «No por ahora», di «Lo pensaré»; pero, por el amor de todo lo antiguo, lo nuevo, lo prestado y lo azul: NO DIGAS QUE SÍ.

Ahora bien, suponiendo que sigas en pareja (comprometido, casado, viviendo en pecado o de cualquier otra forma), tus habilidades comunicativas seguirán evolucionando. Desde salir demasiadas noches a la semana hasta organizar demasiadas partidas de póquer o utilizar tu habitación libre como hogar para tus amigos de la fraternidad, **¿cómo decir que no, hacerte oír y mantenerte firme sin crear conflictos** (o al menos más conflictos de los estrictamente necesarios)?[42]

La respuesta es **mantenlo sencillo.**

[42] Si tú y tu pareja disfrutan con los conflictos, pueden saltarse esta sección e ir a enojarse y a resentirse el uno con el otro hasta que se les salga el corazón. ¡Disfruten del sexo de reconciliación!

	NO	HOY NO SE ME ANTOJA	NO ES LO MÍO	NUNCA
¿QUIERES SALIR?				
¿QUIERES QUE INVITEMOS A ALGUIEN A LA CASA?				
¿QUIERES SALIR CON [PERSONAS QUE NO TE CAEN BIEN]?				
¿QUIERES [HACER UNA ACTIVIDAD CONCRETA]?				
¿QUIERES [HACER ALGO QUE TE DA MIEDO]?				
¿QUIERES [PROBAR ALGO QUE NUNCA HAS HECHO, PERO SABES QUE NO TE VA A GUSTAR]?				

No es necesario que te pongas a cantar y bailar para explicar por qué no quieres ir al karaoke con sus compañeros de trabajo o a un antro con sus *roomies* (de hecho, eso iría en contra de la finalidad). En su lugar, consulta la tabla de arriba y da la respuesta adecuada.

¿Hay algo que decir a favor de **salir de tu zona de confort** para vivir una aventura que puede resultar divertida y emocionante? ¿Y de **hacer algo que es significativo para tu pareja** (y no especialmente doloroso o aterrador para ti), aunque de otra manera no elegirías hacerlo? Claro que sí. ¿Por qué crees que acepté ir a ver *Matrix Recargado* el fin de semana de su estreno en Nueva York?

Pero también hay algo que decir a favor de no tener que limpiar después de tu tercera fiesta improvisada del mes a altas horas de la noche o pasar el fin de semana en urgencias debido a un accidente totalmente previsible con la tabla de surf de remo. Tu pareja no tiene la coordinación suficiente para acompañarte en esta actividad. Ambos lo saben.

Las parejas felices no tienen por qué hacer todo juntas ni querer hacer siempre lo mismo. Lo único que tienen que hacer es comunicarse y respetar las decisiones de la otra persona.

Mi esposo y yo somos la prueba viviente de que un ermitaño puede salir con una persona muy sociable y que ambos pueden tener una vida social. Hacemos juntos lo que queremos, pero yo también «lo dejo» salir sin mí y él «me deja» quedarme en casa sin él.

A veces la pregunta no es «¿Quieres ir?», sino «¿Te importa si voy?».

Si la respuesta es «No» en ambos casos, entonces puedes irte o quedarte en casa con un bote de crema de cacahuate y un paquete de galletas Ritz (bueno, dos paquetes).

Cosas que a tu pareja le pueden gustar y a ti no, y que él/ella es libre de hacer sin ti

- Eventos deportivos en vivo
- Eventos deportivos televisados
- Conciertos de reggae
- Actividades religiosas
- Acampar
- Comer barbacoa coreana

Tú eres el verdadero MVP

Un sistema que ha funcionado bien en mi relación durante casi dos décadas —con la excepción de una silla increíble con un cojín de terciopelo azul rey que mi esposo debería haberme dejado comprar en el mercado de pulgas de Brooklyn en 2008— se llama **«Poder de Veto Mutuo» (MVP).**[43]

El funcionamiento es el siguiente: si alguno de nosotros se opone rotundamente a algo, como, por ejemplo, el mimbre como concepto general de decoración, acordamos previamente que no habrá quejas prolongadas ni desprecio manifiesto por esa opinión. **Un «no» es suficiente para descartar el mimbre.**

Desarrollamos el MVP después de que él me dijera que no quería una mascota y yo le insistí en que fuéramos a ver una caja de cartón llena de gatitos en Soho, y terminamos con 12 años de Doug, el peor gato del mundo.[44]

Por otro lado, si uno de nosotros es simplemente neutral con respecto a una compra, un destino de vacaciones, una actividad o cualquier otra cosa, y el otro realmente lo quiere, la parte neutral no se interpone. El resultado es que **al menos uno de nosotros consigue lo que quiere la mayor parte del tiempo, y *ninguno* de los dos obtiene lo que *no* quiere.**

---

[43] La autora hace aquí un juego de palabras al aludir a MVP, que son las siglas de *Most Valuable Player,* es decir, el jugador más valioso de la temporada en las ligas de deportes estadounidenses. Las siglas MVP son las mismas de Mutual Veto Power (Poder de Veto Mutuo]. (*N. de la t.).*

[44] Okey, técnicamente acabamos con dos gatos más en República Dominicana el año pasado; pero, en mi defensa, diré que nunca había alimentado a un gato callejero y no sabía que, si les das de comer una o dos veces, TENDRÁS DOS GATOS MÁS, MIAU.

Siete cosas más sobre las que tú y tu pareja pueden estar en desacuerdo y para las que el MVP resulta útil

Colores de pintura
Patrones decorativos chinos
Grandes gastos
Adornos de pared
Fiestas temáticas
Adornos para el jardín
Ser *swingers*

Obviamente, si el asunto es de gran importancia, como tener hijos o no, o cuál es la forma correcta de colocar un rollo de papel higiénico, puede ser necesario mantener una conversación más larga o incluso llegar a un pequeño forcejeo. Pero, en términos generales, **el MVP es una forma eficaz de resolver pequeñas discusiones que no merecen un gran conflicto.** Por ejemplo:

—¿Te gustan estas cortinas?

—No.

—¿Quieres ir de luna de miel a Japón?

—No.

—¿Podemos disfrazarnos juntos de Ina y Jeffrey[45] para *Halloween*?

—No.

[45] Ina y Jeffrey Garten son una pareja conocida por su larga y sólida relación de más de 55 años. (*N. de la t.*).

Hacerlo o no hacerlo, esa es la cuestión

Creo que las tareas domésticas, como sacar la basura, pasar la aspiradora, lavar la ropa o los platos, deben repartirse de la forma más equitativa posible entre las personas que comparten un domicilio, entendiendo que algunos tenemos diferentes puntos fuertes, preferencias o mucho más (o menos) tiempo libre, y que parte de estar en una relación es resolver estos asuntos entre nosotros.

Por supuesto, algunas parejas viven en casas diferentes, cada uno con su pila de trastes sucios en el fregadero; pero, en cualquier caso, **todos acabamos asumiendo tareas domésticas en nombre de la pareja:** planificar reuniones, comprar regalos o concertar citas con el agente inmobiliario para buscar departamentos en los que, algún día, podamos compartir un fregadero lleno de trastes sucios. Y cuando la división del trabajo te parezca desequilibrada, quizá quieras encargarte tú mismo de restablecer el equilibrio.

¿Y SI TU PAREJA...

- **te pide que mandes el correo electrónico?**

«En este preciso momento estoy muy ocupado. ¿Podrías encargarte tú?».

«De hecho, ¿podrías decirles tú que no iremos al torneo de "Los colonos de Catán"? Mara y Gustav son amigos tuyos. ¡Gracias!».

- **te pide que agendes una cita?**

  «Sería mejor que fueras tú quien lo hiciera».

  «La semana pasada yo me encargué del electricista. Si ahora tú pudieras llamarle al plomero, estaría genial».

- **te pide que organices la salida en grupo?**

  «Estoy un poco agotado. ¿Podrías encargarte tú de organizarla?».

  «NO» Y CAMBIO OPCIONAL:

  «No tengo tiempo para poner de acuerdo a 12 personas sobre a qué restaurante ir, pero si lo prefieres, puedo invitarlos a todos aquí y pedimos *pizzas*. A menos que quieras encargarte tú».

- **te pide que compres los regalos para Navidad?**

  «Estuve pensando en que deberíamos repartirnos las tareas de comprar los regalos de forma más equitativa, ya que suelo hacerlo todo yo. Empecemos ahora».

  «Entonces, ¿un alcoholímetro para tu tío y un bozal para tu madre?».

- **te pide que prepares la cena (o que hagas cualquier otra cosa, siempre) porque «eres mejor»?**

«Ah, eso es solo porque la práctica hace al maestro. ¡No hay mejor momento que el presente para empezar a aprender algo nuevo!».[46]

* * *

También es posible que **tu pareja no te esté *pidiendo* tanto que hagas cosas** como sacar la basura o comprar todos los regalos de Navidad para los nietos, sino que **siempre se ha dado por sentado que tú te encargarías de este tipo de cosas;** o tal vez te lo pidió una vez, tú dijiste que sí y, de **alguna manera, se convirtió en algo permanente.**

Si deseas reescribir la lista de tareas compartidas, tendrás que utilizar uno de los **«noes» proactivos** que mencioné en la página 90 en forma de directiva preventiva propia. Aquí tienes un par de ejemplos:

«¿Podemos hablar? No me gusta ser siempre yo quien hace X, así que me gustaría pensar en un plan para que, en el futuro, sea un poco más equitativo».

«He estado pensando que X suele ser tu tarea y Y la mía, pero ¿podríamos intercambiarlas durante un tiempo y ver cómo nos va? ¡La variedad es la sal de la vida!».

---

[46] No se aplica a los Aperol spritzes, que, por mucho que entrenara, nunca conseguiría prepararlos mejor que mi esposo. Esta es la colina efervescente y ligeramente amarga en la que moriré.

QUERIDO, ¿HAS VISTO LAS PINZAS?

Existe la intimidad sin límites del amor verdadero, y luego está reventar los granos de otra persona. Si tú y tu amorcito están mutuamente satisfechos con pasar la noche juntos buscando puntos negros, depilándose el vello o decolorándose mutuamente los agujeros íntimos, entonces sigan así: les deseo toda una vida de felicidad. Pero tengan claro que está bien decir «Ni lo sueñes» cuando alguien con quien te acuestas de vez en cuando, con quien tienes una relación seria, o con quien estás comprometido o casado, te pide que hagas algo desagradable o que vayas a ver el «regalito» que acaba de dejar en la taza del baño. Si su amor es puro, tu pareja debería ser capaz de soportar un «No, gracias» rotundo ante peticiones asquerosas o totalmente inapropiadas. Me voy a arriesgar y diré que hay muchos esteticistas cualificados y sitios web fetichistas que pueden ocuparse de ese tipo de cosas.

Oye, ya que estás…

Cuando mi esposo se operó del hombro, llevé bolsas de hielo de cinco kilos desde la tienda hasta nuestro departamento para alimentar la máquina de crioterapia a la que estuvo conectado durante dos semanas. Cuando mi estúpido gato callejero me rompió la mano izquierda sin querer, mi esposo me ayudó a rasurarme la axila derecha durante un mes.

Todos hacemos lo que tenemos que hacer.

Y cuando tu pareja te pide que le traigas algo del otro cuarto, que lleves su vaso al fregadero o que compruebes si queda algún Snickers en el refrigerador porque tú ya estás levantado y ella está a punto de empezar su periodo y tiene un deseo visceral y repentino de caramelo cubierto de chocolate, cacahuates y turrón, quizá te alegre decir «Claro», «No hay problema» o «Creo que tengo que a ir al súper».

Pero si aún no te habías levantado o sientes que se aprovechan demasiado de tu buen carácter cuando lo haces, un «no» rotundo podría ayudar a restablecer la dinámica de la relación. Solo es una sugerencia.

PETICIÓN	RESPUESTA
«¿Me podrías traer mis lentes?».	«¿No ves dónde están?».
«¿Puedes ir a ver si la puerta está cerrada?».	«Estoy dispuesto a vivir peligrosamente esta noche».
«¿Podrías sacar a pasear al perro?».	«Me dijo que prefiere que lo hagas tú».

Quizá no deberías hacer eso

Muchas personas respondieron a mi encuesta diciendo que les gustaría poder decir «no» a sus parejas cuando les piden cosas que son intrínsecamente críticas, como que no hagan, vistan o coman ciertas cosas, o que no salgan con ciertas personas.

Bueno.

Una vez más, no soy Chuck Woolery,[47] pero considero que es difícil tener una relación amorosa con alguien que constantemente te pide que te comportes de manera diferente o que cambies aspectos fundamentales de ti mismo.

Y no me refiero a una pareja que te pide que dejes de tomar tanto porque le preocupa tu salud, o a alguien que claramente tiene toda la razón cuando te dice que deberías jubilar esos pantalones cortos desgastados de Camp Beaver View de 1992. A estas alturas, eso ya es ir demasiado lejos.

Me refiero a un esposo, una esposa, un novio, una novia o una pareja no binaria que te sugiere ir al gimnasio para «quitarte **los kilos que ganaste en vacaciones»**, o que te pide constantemente que dejes de hacer cosas inofensivas que te gustan, como cantar en público o saltar por la calle. O llevar calcetines deportivos hasta la rodilla con shorts cuando no estás ni cerca de un campo de futbol. Bicho raro.

Si este es un patrón habitual en tu relación, tal vez no sea posible (ni recomendable) intentar salvar las cosas con alguien que parece decididamente indiferente a lo que te hace ser tú. Lo

---

[47] Charles Herbert *Chuck* Woolery fue un presentador de concursos de televisión y músico estadounidense. (*N. de la t.).*

siento, sé que no es agradable pensar en eso, pero mirando el lado positivo, quizá tu pareja no se da cuenta del impacto que sus comentarios y peticiones tienen en ti, y **quizá puedas hacerle ver tu punto de vista si tienes el valor de decírselo.**

Si yo fuera tú, no esperaría.

Un ejemplo: mi novio de la preparatoria nunca hizo comentarios negativos sobre mi peso y siempre me decía que era guapa, pero cada uno tenía sus propios complejos y se acercaba la temporada de bailes de fin de curso, así que intentábamos mantenernos en forma como pareja. Una tarde, mientras estábamos juntos después de clase, le dije que se me antojaba mucho ir a Pizza Hut. Él sonrió y me dio un golpecito en la panza, como diciendo: «¿Estás segura de que es buena idea?».

En ese momento comprendí que creía que estaba bromeando, pero también sentí como si me hubieran dado un puñetazo en el estómago con una barra de pan de plomo. Todavía recuerdo esa sensación. Incluso me acuerdo de la camiseta azul verdosa con cuello redondo de GAP que llevaba puesta mientras miraba su dedo índice presionando ligeramente la tela. No recuerdo qué le respondí, probablemente porque interioricé la conmoción, la vergüenza y la tristeza. Fingí que no pasaba nada y no dije nada.

Dado que sigo pensando en eso 23 años después, probablemente no fue la mejor forma de actuar.

Hoy, con la perspectiva que me dan varias relaciones más y un gran desarrollo personal a mis espaldas, le habría dicho: «Estoy segura de que no era tu intención, pero me hiciste sentir muy mal. Por favor, no lo vuelvas a hacer».

Así que ahora te digo a TI: **si alguien a quien quieres te hace sentir mal contigo mismo, debes hablar, dar la cara y decirle: «No, no me parece bien, y te voy a explicar por qué».**

Si eres capaz de hacerlo, y si la otra persona está dispuesta a escuchar, pedir perdón y aprender, tal vez hayas encontrado a alguien que realmente vale la pena.

Todo se reduce al dinero (y al sexo)

Comenzamos ahora con nuestra programación en horario estelar: **dinero y sexo.**

Los conflictos relacionados con cualquiera de estos dos temas pueden arruinar una relación más rápido que un cargo inexplicable en la tarjeta Visa por una visita al Barely Legal de Larry Flynt en Bourbon Street, y dependerá de ti y de tu pareja decidir hasta dónde pueden llegar para adaptarse el uno al otro cuando el camino se pone difícil. Si llevas treinta días saliendo con alguien, las respuestas pueden ser diferentes a las que darías si llevas treinta años casado, pero **aquí tienes algunas formas generales de expresar tus objeciones cuando no estás de acuerdo con los fundamentos de la repartición de gastos u orgasmos:**

- **Sobre gastos (cenas, viajes, etc.) que se salen de tu presupuesto**

  «Si no te importa, prefiero no hacerlo. Últimamente he tenido muchos gastos».

«Suena increíble, pero sinceramente no puedo/podemos permitírnoslo ahora mismo».

«Hemos estado gastando mucho y creo que deberíamos apretarnos el cinturón durante un tiempo».

«NO» Y CAMBIO OPCIONAL

«Me parece demasiado, pero ¿qué tal si [hacemos/compramos/vamos a] [una versión más barata]?».

Si tu pareja insiste en pagar y te sientes incómodo con ello (POR CUALQUIER MOTIVO):

«Te agradezco mucho el ofrecimiento y sé que solo quieres que pasemos un buen rato, pero esto me hace sentir incómodo y tengo que decir que no. Por favor, no te lo tomes como algo personal».

- **Sobre fusionar sus cuentas bancarias**

«No estoy seguro de estar preparado para eso».

«La mera idea de que otra persona se involucre en cómo administro mi dinero y pago mis cuentas me estresa como no tienes una idea. En serio, mírame. Estoy hiperventilando. DIOS MÍO, NO PUEDO HACERLO, NO PUEDO HACERLO».[48]

---

[48] Puede que esto sea o no lo que le dije a mi esposo justo antes de casarnos. Querido lector: no fusionamos nuestras cuentas bancarias.

«NO POR AHORA» OPCIONAL:

«En este momento, me inclino por mantener nuestras finanzas separadas, pero estaré encantado de considerar la idea en [otro momento]».

- **Sobre sacrificarte o que pongas tu carrera en pausa por él/ella**

«Lo pensé bien y no creo que pueda hacerlo y seguir siendo feliz en nuestra relación. Espero que podamos encontrar otra solución».

- **Sobre el apoyo financiero**

Es posible que inicialmente aceptaras ser el principal (o único) sostén económico y que estuvieras contento con ese acuerdo, pero con el tiempo, o en circunstancias difíciles o inusuales, quizá ya no sea el acuerdo más adecuado o viable. Tienes derecho a replantearte cuestiones importantes relacionadas con tu estilo de vida, y tampoco puedes esperar a que tu sueldo se duplique solo porque otra persona perdió su trabajo o quiere dejarlo para estudiar una maestría en interpretación de *jazz*. Aquí tienes algunas propuestas para iniciar la conversación:

Si es para que pueda volver a la escuela y continuar su educación:

«Ojalá pudiera solventar todos tus gastos, pero hice cuentas y me es imposible. No obstante, estaré encantado de ayudarte a pensar en otras formas de conseguirlo».

Si es para que pueda dedicarse al trabajo de sus sueños, aunque no esté muy bien remunerado:

Véase la propuesta anterior.

Si es para que pueda quedarse en casa con tus hijos:

Véase la propuesta previa a la anterior.

Si se debe a una pérdida repentina del trabajo:

Véase la propuesta previa a la previa de la anterior.

Si es después de un periodo prolongado de apoyo:

«Lamentablemente, no podré seguir haciéndolo. Es hora de que busquemos otra solución».

Si se trata de sacarlo de un solo problema grave causado por él mismo:

«Siento mucho que estés pasando por esto, pero no puedo ser yo quien lo resuelva por ti. Está más allá de mis posibilidades/mi nivel de comodidad».

O si acabas de darte cuenta de que tu pareja es un idiota, un mentiroso patológico o un criminal...

«¿QUÉ CARAJOS...? Olvídate de mí. Regrésame mis llaves y te advierto que voy a ponerte una orden de restricción de ser necesario».

Y por último, pero no menos importante...

- **Sobre tener relaciones sexuales si no puedes, no debes o simplemente no quieres**

Estoy bastante segura de que ya tratamos este tema en las páginas 201-203, pero lo reitero: «No» siempre debería ser suficiente, tanto para alguien que acabas de conocer en una fiesta previa a un partido de los Packers, como para alguien con quien has vivido felizmente casado durante más de la mitad de tu vida.

POR CUALQUIER MOTIVO.

Si quieres *dar* esa razón, como **«estoy muy cansado», «no me siento muy bien con mi cuerpo en estos momentos» o «te apesta la boca a huevo podrido»,** es cosa tuya. Tal vez ayude a liberar tensión. Y debería poner fin a la discusión hasta que alguien aprenda a usar palillos. En serio, ¿estamos curando carne seca ahí dentro?

(Véase también: mentiras sin importancia para no herir los sentimientos de alguien, página 84).

Pero tal vez la razón por la que no quieres tener relaciones sexuales en este momento es porque las relaciones sexuales que has tenido con tu

> **Otros problemas de pareja que quizá debas resolver antes de tener relaciones sexuales con alguien hoy o mañana, con más frecuencia o nunca más: algunos ejemplos**
>
> Alguien no ha sido muy amable últimamente.
> Alguien no escucha a la otra persona.
> Alguien está actuando de manera muy egoísta.
> Alguien sale mucho de fiesta.
> Alguien tiene problemas para comprometerse.

pareja no son de tu agrado y no sabes cómo plantearlo, por lo que estás evitando el asunto. Esto parece un poco contraproducente para todos los involucrados, pero está bien. Una vez más, «no» debería ser suficiente hasta que reúnas los recursos necesarios y quizá algunos accesorios o ayudas visuales con los cuales decir: **«Me gustaría probar algo un poco diferente esta vez».**

Pero si tu motivo es **«Tenemos otros problemas en la relación que hay que resolver antes de que yo quiera tener/me sienta cómodo teniendo sexo contigo»,** entonces, según la página 238, probablemente deberías sacarlo a relucir cuanto antes. Puede que sea una conversación tensa o incómoda (o, seamos realistas, varias conversaciones), pero el hecho es que **dos personas no pueden solucionar un problema que una de ellas no sabe que existe.**

O tres personas, para el caso. No sé cómo funciona tu relación y no te juzgo.

* * *

Dependiendo de tu situación, mis evaluaciones y consejos pueden parecer muy acertados, demasiado cercanos para tu comodidad o una combinación intensa y difícil de ambas cosas. Eso se debe a que **el sexo y las relaciones, y tu relación con el sexo, son tremendamente complicados y únicos,** y yo no tengo todas las respuestas. Si las tuviera, estaría escribiendo libros muy diferentes.

Todo lo que puedo hacer es *a)* asegurarte que no estás solo con tus problemas y *b)* darte algunos consejos sensatos y directos para que los utilices en los juegos previos como mejor te parezca.

Además, *c)* voy a seguir recordándote que tienes derecho a decir que no al sexo POR CUALQUIER MOTIVO.

Y si necesitas ayuda para argumentar, *No*-notas está aquí para ayudarte (de una forma totalmente platónica).

NO-NOTAS: EDICIÓN PAREJAS

Reúne lo siguiente:

- Término cariñoso (por ejemplo, *bebé* o *amor*).
- Lo que te pidieron que hagas.
- Verbo correspondiente.
- Una sugerencia o solución alternativa.
- Un plazo alternativo en el que podrías hacerlo (opcional).

Si no puedes

Lo siento ____________ (término cariñoso), pero no puedo ____ (verbo). ¿Quizá podrías/podríamos ________________________ (sugerencia o solución alternativa)? [O si puede esperar, estaré encantado de hacerlo en ________________________ (plazo alternativo)].

Si no debes

Lo siento ____________ (término cariñoso), pero para mí no es una buena idea. ¿Quizá podrías/podríamos ________________ (sugerencia o solución alternativa)? [¡No me importa si tú ________________ (verbo o lo que te pidieron que hicieras) sin mí!].

Si simplemente no quieres

Mi amado ____________ (término cariñoso), realmente no quiero hacer eso. [¡No me importa si tú ________________________ (verbo o lo que te pidieron que hicieras) sin mí!].

FAMILIA

Padres, hermanos, familia extendida, hijos, suegros y todo lo que quieren de ti durante toda la vida

Cada uno de los capítulos anteriores te ayudó a ir lidiando con el tipo de problemas que pueden surgir en tu familia, como negarte a unirte al club de *bridge* de tu madre o no leer el manuscrito del urólogo de tu hermano. Y eso es un buen progreso, pero supongo que tus músculos del «no» necesitarán un entrenamiento un poco más intenso y específico antes de que puedas flexionarlos por completo ante tus familiares.

Solo es un ligero presentimiento.

Por suerte para ti, soy buenísima en decirle «no» a mi familia. También se me da muy bien decirle «no» a la familia de mi esposo y a nuestros sobrinos, y hasta ahora nadie me ha repudiado, desheredado, divorciado ni pedido que me vaya de su casa después de decirle con sinceridad y educación a su hijo de cuatro años: «No, no quiero jugar con los carritos».

Así que, en este maldito capítulo final, considérame el Mickey Goldmill[49] de tu Rocky Balboa. Nos moveremos y esquivaremos **solicitudes atrevidas**; desecharemos **exigencias irracionales**; asumiremos **tareas de anfitrión**; pondremos nuestros glúteos en **regalos grupales, viajes culpables** y **viajes a casa durante las**

[49] Mickey Goldmill es el entrenador de Rocky Balboa en la saga de *Rocky* creada por Sylvester Stallone. (*N. de la t.*).

vacaciones; y correremos **intervalos en momentos inoportunos para una videollamada con mamá.**

¡MIRA, MAMÁ, [ASÍ ES COMO LO HAGO] SIN MANOS!

Lo dije antes y lo volveré a decir:

Al fin y al cabo, tu familia son solo personas, y está bien decirles que no.[50]

Si los pellizcas, ¿no les duele? Si les haces cosquillas, ¿no se ríen? Y si educadamente te niegas a asistir a la boda de tu primo, ¿acaso no te dieron, literalmente, la opción de declinar la invitación en la tarjeta de asistencia?

Por supuesto que lo hicieron.

Te conviene tener esto en cuenta cuando te cueste negarle a un familiar algo que te ha pedido y que no puedes, no debes o no quieres darle.

Otra cosa útil que debes recordar es **¿cómo te gustaría que *ellos* manejaran esta situación si los papeles se invirtieran?**

No sé tú, pero a mí no me gusta que mi familia diga que sí cuando no quiere hacer algo o que tenga que ir cuando no desea hacerlo, y me alegro de que sean sinceros al respecto. Si no se

[50] De hecho, este es el tema de un capítulo completo de mi libro *You Do You*.

sienten cómodos siendo honestos, pueden ser educados y también está bien. **No deben sentirse culpables por tomar ese tipo de decisiones, y yo tampoco lo hago cuando los trato exactamente como me gustaría que me trataran.**

Es una regla sólida. Podría decirse que de oro.

Sin embargo, antes de que alguien pueda tratar a los demás con honestidad y cortesía, debe tomar la decisión de decir «no» en primer lugar. No te pongas nervioso, ya lo has hecho antes. Según las directrices y el diagrama de flujo «¿De verdad *tengo* que hacerlo?» de la página 79, ¿se trata de un **DEBO** o de un **DEBERÍA?** Y al final, **¿LO HARÁS?**

> ¿Tienes que estar presente en el torneo de *lacrosse* de tu hermano, que se celebra a tres estados de distancia, o es objetivamente aceptable no asistir?
>
> ¿Tu hija sufrirá un daño irreparable si le dices que no puede tener un patín del diablo color rojo cereza, o simplemente estás siendo demasiado permisivo?
>
> ¿Deberías decir que sí cuando tus padres te piden que los lleves al aeropuerto, o, dado que su vuelo sale a las 6 de la mañana de tu día libre, sería razonable llamar a un taxi?

Una vez que te decidas por una respuesta, te ayudaré a encontrar veinte formas de expresarla. Empezaremos calentando con una variante del capítulo PAREJAS, ya que **debería ser más fácil**

decirle «no» a la familia de otra persona, por muy cercana que sea, que a la tuya propia.

ESCENARIO: SUEGROS

Para efectos de esta sección, «suegros» se referirá a todos y cada uno de los familiares de tu pareja, tanto si apenas llevan tres citas como si ya se unieron en santo matrimonio.

Nunca es demasiado pronto para establecer límites.

Son padres, pero no *tus* padres. Son hermanos, pero no *tus* hermanos. Y sé que esto puede sonar descabellado, pero... no tienes por qué aceptar las peticiones de tus suegros solo porque te casaste con alguien de su clan, o porque estés saliendo con alguien de su clan, con o sin la posibilidad de una futura relación legal.

El truco con las críticas negativas fuera del ámbito familiar es reflexionar sobre todo lo que ya te enseñé, incluyendo «Dile No al Sí», sopesar la culpa justificada frente a la injustificada y repasar tu diagrama de flujo con respecto a las obligaciones. Después, añade un último diagnóstico:

¿Tengo que decir que no?
(¿O mi pareja puede encargarse?)

- **Algunas peticiones de tus suegros te serán dirigidas específicamente a ti y solo tú podrás aceptarlas o rechazarlas.**

Algunos ejemplos son «¿Te gustaría acompañarnos a un día de chicas en el spa?», «¿Puedo ponerte en contacto con mi cliente, quien escribió unas memorias sobre su pasión de toda la vida por los caballitos de mar?», o «¿Por qué nunca quieres participar en nuestro círculo de abrazos?».

A lo que podrías responder:

«Muchas gracias por incluirme, pero prefiero no hacerlo».

«NO» Y CAMBIO OPCIONAL:

«No, muchas gracias, pero ¿quizá podríamos hacer X [o mejor aún, Y] [en otro momento]?».

«Realmente no me interesa, pero te agradezco que hayas pensado en mí».

«Hacer las cosas como las hace tu familia no se me gusta. Espero que entiendas mi postura y que podamos seguir adelante con nuestras vidas, separadas, pero felices».

- **Pero otras peticiones, invitaciones y cosas por el estilo se dirigirán a ustedes como pareja, y quizá sea mejor para todos que sea tu pareja quien se encargue de ellas.**

«En la salud y en la enfermedad, y en los correos electrónicos escritos en plural». ¿No es así como dicen los votos matrimoniales? Aquí tienes algunas cosas que puedes decirle a tu pareja para que se haga cargo:

Si TÚ quieres decir que no:

«No quiero hacerlo, pero lo entenderé si quieres participar sin mí. Me encantaría que respondieras por los dos y les dijeras que no puedo ir».

«Resulta que prefiero no pasar cuatro horas comiendo con tu tío racista. Tú puedes hacer lo que quieras; pero, a menos que quieras que diga eso específicamente, será mejor que les avises que no asistiré. ¡Gracias, amor!».

Si AMBOS quieren decir que no:

«Increíble; por favor, diles tú».

«Si no te atreves a decirles la verdad a tus padres, no me culpes a mí, ¿okey? Estaré encantado de ayudarte a inventar una excusa que no me haga pasar los próximos diez años tirado bajo un autobús metafórico».

¿Cómo te sientes, Rock? ¿Listo para perseguir un maldito pollo por el patio? Bien, porque así es como suele sentirse el tratar con los miembros más jóvenes de tu familia. ¡Empecemos!

ESCENARIO: NIÑOS

> **Cosas que tu hijo puede pedirte y que no puedes, no debes o no quieres darle**
>
> Cosas
> Dinero
> Permisos
> Más (tiempo, dulces, etc.)
> Eso lo cubre todo

No soy madre, y si crees que eso me descalifica para darte consejos sobre cómo decirles «no» a tus pequeños, no me ofenderé si decides saltarte esta sección.

Sin embargo, ten en cuenta que, siguiendo la misma lógica, quizá también quieras dejar de seguir los consejos de muchas personas que han interactuado de forma reflexiva, pero que no poseen lo que te están aconsejando, como ginecólogos hombres, empleados de Best Buy que no tienen su propia televisión Samsung de pantalla plana de cincuenta pulgadas o arquitectos que nunca han vivido en una casa colonial, pero que están encantados de cobrarte una tarifa exorbitante por decirte exactamente cómo debes restaurar la tuya.

La decisión está en tus manos.

QHSK

Puede que yo no tenga hijos, pero tengo siete sobrinos y sobrinas, dos primos segundos y un montón de amigos con un montón de hijos, y déjame decirte que la tía traviesa Sarah tiene un largo historial de calmar los ánimos de los adolescentes, impedir que los pequeños se apropien de la cortina de la ventanilla del avión y conseguir que los niños de tercer grado dejen de pedir helado y se coman primero su maldito *hot dog*.

¿Cuál es mi secreto? Lo pensé detenidamente cuando me senté a escribir esta sección, y esto es lo que se me ocurrió:

Quizá te sientas culpable por decir que no cuando tu hijo pida que adopten un conejito.

Pero *yo* no.

Quizá te preocupe que los niños te odien para siempre por negarles diez minutos más de juego al aire libre antes de que tengan que bañarse.

Pero a *mí* no.

Quizá estés tan viejo, cansado y agotado que ya no tengas ganas de discutir sobre lo que constituye un toque de queda «razonable».

Pero *yo* sí.

En conclusión, probablemente me resulta más fácil decirles que no a los niños porque no son míos. Tiene sentido. No siento culpa, ni miedo, ni me afectan sus miradas de cachorrito, ni tengo paciencia para sus tonterías.

Así que aquí va una idea descabellada…

Quizá una forma exitosa de empezar a decir «no» a tus hijos sea **fingir que eres YO diciéndoselo a los hijos de OTRA PERSONA.**

¿Qué? Se sabe que los juegos de rol les han inyectado una energía renovadora a muchas relaciones, no veo por qué no podrían revolucionar la tuya con ese diablo con pañales que invitaste a tu casa.

Fuera de broma, solo como ejercicio: la próxima vez que llegues al límite de tu paciencia como padre o madre, en lugar de ceder a cualquier demanda que se te plantee, ¿qué tal si **recurres a tu antigurú sin hijos favorita en busca de apoyo emocional** y ves qué pasa? Llamaremos a este juego **¿Qué haría Sarah Knight? (QHSK).**[51]

QHSK	
PETICIÓN	**RESPUESTA**
«¿Podemos ir al zoológico?».	«Hoy no podemos».
«¿Puedo comer más dulces?».	«No. Hay una cantidad limitada de dulces en el mundo, así que, si te los comes todos ahora, tendremos que cancelar *Halloween*».

[51] Ella sería franca, firme y, en ocasiones, descarada; a veces se tomaría algunas libertades con la verdad porque le divierte y no le hace daño a nadie.

«¿Puede venir Jimmy a la casa?»	«No, pero no dudes en preguntarme otra vez si Jimmy deja de ser tan molesto».
«¡¿Puedes dejar de ser tan PATÉTICO?!».	«Lo siento, es mi deber».
«¿Puedo ver otro capítulo?».	«No, los estudios demuestran que un capítulo más te pudrirá ese cerebro en formación que tienes y no puedo cargar con eso en mi conciencia».
«¿Puedes dejar de hablar con tu amigo y ponerme atención a mí, a mí y solo a mí?».	«Es de mala educación interrumpir a la gente, así que te voy a pedir que te tranquilices y me dejes terminar mi conversación, ¿okey?».

Hasta donde sé, no tienes nada que perder si lo intentas, salvo quizá otra batalla con tu miniyó sobre si está bien entrar en tu cuarto sin permiso a las seis de la mañana para volver a poner *Frozen*. Si esa es tu idea aceptable de despertar, adelante. Si no, prueba esto: **«Toca. Solo toca. ¿Por qué no tocas? ¿No sabes tocar la puerta?».**[52]

HABLAR CLARO ES LA NUEVA FORMA DE HABLAR CON LOS BEBÉS

Otra de mis tácticas para interactuar de manera fructífera con los niños es tratarlos como trataría a alguien de más edad, pero sin decir tantas peladeces. Soy consciente de que los niños pequeños quizá no aprecien todos los matices por los que no quiero jugar a «Deja caer la cuchara» con ellos («No, porque cada vez que la dejas caer, tengo que recogerla. No podemos cambiar de lado, lo que hace que este juego sea mucho menos divertido para mí que para ti. No voy a volver a recoger la cuchara. Si se te cae y no la recuperas y eso te molesta, no puedes decir que no te lo advertí»). Pero creo que cuanto antes se les entrene para las pequeñas decepciones de la vida, más pronto que tarde aprenderán a aceptarlas con dignidad y aplomo. Además, odio con toda mi alma el juego de «Deja caer la cuchara».

[52] Esta es una frase que la tía Sarah parafraseó de la película *Frozen.* Ya te dije que hay citas de películas o letras de canciones para todas tus necesidades de decir «no».

No, pero...

Si pensabas que el «no» y cambio era increíble para amigos y compañeros de trabajo, ¿has *conocido* niños? Son tan maduros que parecen uvas de septiembre en la región de Côte des Blancs. La mitad de las veces ni siquiera quieren lo que te piden, solo quieren *algo*. Puedes manipularlos fácilmente... eh, quiero decir, **redirigirlos hacia un resultado alternativo** que te convenga más.

Incluso puedes **darles a elegir entre *varios* resultados** que te convengan más. Les estás concediendo autonomía, algo que recomendarían los libros sobre crianza.

¿Cómo? Bueno, quizá hayas oído hablar de «Sí, y...». Es un juego que practican los comediantes de improvisación para agudizar sus habilidades de colaboración. Por muy extraña que sea la idea que plantee un actor, su compañero tiene que seguirle el juego para mantener viva y entretenida la escena.

Mi versión se llama «No, pero...». Su objetivo expreso es terminar la escena.

NO, PERO...

PETICIÓN	RESPUESTA
«¿Podemos ir al *zoológico?*».	«No, pero te compraré una suscripción a *National Geographic* y podrás leerla cuando quieras».
«¿Puedo comer más dulces?».	«No, pero puedes comer más pollo o brócoli».
«¿Puede venir Jimmy a la casa?».	«No, pero puedes ir a casa de Jimmy. ¡Que te diviertas!».
«¡¿Puedes dejar de ser tan PATÉTICO?!».	«No, pero te prometo que seré muy patético cuando menos te lo esperes. A menos que quieras retirar lo dicho».
«¿Puedo ver otro capítulo?».	«No, pero hagamos esto: puedes ver dos mañana si hoy te vas a dormir temprano, o puedes no ver ninguno mañana si sigues quejándote esta noche. Tú decides».

«¿Puedes dejar de hablar con tu amigo y ponerme atención a mí, a mí y solo a mí?».	«No, pero si quieres puedes disculparte por interrumpirnos y después puedes entretenerte en silencio durante otros minutos. ¿Te parece?».

Como seguramente habrás notado, mis escenarios infantiles giran principalmente en torno a los más jóvenes de la especie. Esto es a propósito. Si empiezas desde que son pequeños, no tendrás que decir tantos «noes» difíciles y cargados de culpa más adelante, cuando tus hijos, ya mayores, sepan que no deben tentar a la suerte.

Pero si *Aprende a decir no de una p*nche vez* no llegó a las tiendas a tiempo para ayudarte a educar a tus hijos, ahora ya adultos, en las costumbres del QHSK o «No, pero...», aún puedes recurrir a mis pequeños juegos de traición. ¿Quién te lo va a impedir? ¿El treintañero que aún vive en casa de sus padres y necesita que lo lleven a la casa de Jimmy para que trabaje en su pódcast?

Por último, ten en cuenta que, al igual que con cualquier «sí» mal concebido, **si cedes con tu hijo a corto plazo porque crees que es más fácil** —ya sea para que deje de rogar, llorar o gritar, o simplemente para aliviar tu propia culpa—, **puede que no te salga tan bien a *largo plazo.*** Los niños son autócratas en ciernes desde el primer día. Si les das la mano, te toman el pie.

ESCENARIO: PADRES Y HERMANOS, PRIMERA RONDA

Ahora que reforzamos tu resistencia con tu «familia elegida» (pareja e hijos, y suegros, por defecto), vamos a enfrentarnos a aquellos con los que no *elegiste* tener ningún vínculo familiar, pero a los que te cuesta mucho decirles que no porque la culpa y la obligación son así de divertidas.

Entiendo que puede ser difícil rechazar a alguien que te cambió los pañales o te recogió fielmente de los entrenamientos de futbol todas las tardes durante tres años a finales de los ochenta. Eso es culpa y obligación del Estado profundo. Y los padres ocupan una posición única en nuestra jerarquía cultural como **«aquellos a quienes hay que obedecer».** Cuando tienes 15 años y vives en casa de tu madre, «¿Puedes bajar el volumen de la música?» no es tanto una petición como una orden, y decir «No» no solo es de mala educación, sino que probablemente tendrá **consecuencias que no valen tu acto de rebeldía.**

Sin embargo, si tienes 45 años y te tomaste unos días libres para visitar a tu padre y él te pide que lo ayudes a reparar el techo, creo que **ya ganaste cierta autonomía para tomar decisiones** (véase la página 262).

Lo mismo ocurre con los hermanos. Es posible que hayan crecido haciendo todo juntos y que, al día de hoy, compartan un vínculo especial e inquebrantable, o quizá lo único que tengan en común sean unas cicatrices idénticas de cuando les dio varicela al mismo tiempo en 1975.

Pero, en cualquier caso, haber nacido del mismo útero o haber sido criado por uno o ambos padres **no te obliga a decirle que sí a tu hermana para toda la vida.** Especialmente cuando se está comportando de manera ridícula.

Así que, por decimoquinta (y última) vez: si lo que deseas con todo tu corazón es hacer cosas con tus padres y para ellos, seguir el consejo no solicitado de tu hermana o dejar que tu hermano menor se quede en tu casa indefinidamente, no pasa nada. **No estoy aquí para destruir dinámicas familiares que funcionan.**

Sin embargo, si NO PUEDES, NO DEBES o NO QUIERES, no pasa nada si dices que no. Incluso puedes echarme la culpa si es necesario. Me pagan por eso.

¡Dejémonos ir!, ¿sí?

Tareas de anfitrión

En lo relativo a las vacaciones y a otros asuntos familiares, ¿sientes que tus padres o hermanos no colaboran lo suficiente con respecto a «planificar, preparar, invitar a todos y limpiar después mientras ellos platican y papá se echa pedos en la sala»? ¿Lo haces siempre tú? ¿O lo hiciste una vez y YA TUVISTE SUFICIENTE, GRACIAS? En cualquier caso, evita que te vuelvan a elegir involuntariamente como lugar de reunión con alguna de estas respuestas infalibles:

Si no puedes:

«Me gustaría, pero este año no tengo tiempo para ocuparme de todo».

«Mi casa no es lo suficientemente grande para que todos puedan estar cómodos y disfrutar».

«Mis gatos no me lo permiten».

Si no deberías:

«Me encantaría invitarlos a todos, pero tengo que trabajar al día siguiente y, si soy yo quien los recibe, el día se me hace demasiado largo».

«Mi casera es muy estricta con los grupos grandes. No es como que se la pase dando golpes en el techo con un palo de escoba precisamente por salud».

Si simplemente no quieres:

«Simplemente no quiero».

«NO» Y CAMBIO OPCIONAL:

«Estaré encantado de ayudar [a planificar/comprar/cocinar/etc.], pero prefiero que no sea en mi casa. ¡Avísame qué deciden!».

Regalos en grupo

¿Estás un poco cansado de que tus hermanos te propongan un regalo «conjunto» para el Día de las Madres, sabiendo que eso significa que esperan que tú pienses en la idea, compres el regalo y lo pagues?

«Este año lo haré por mi cuenta».

«Ya le di su regalo».

Si te sientes con la confianza, puedes ser directo:

«No, no quiero hacerlo porque al final yo tendré que ocuparme de todo y tú te quedarás con el mérito. Lo siento, pero sabes que es verdad. ¡Te quiero!».

- **Si yo fuera tú, me aseguraría de que Joey pasara al menos veinte minutos al día escuchando el canto de los pájaros para ayudar a desarrollar sus habilidades cognitivas.**

Es lógico que los padres con experiencia que ya te criaron a ti tengan consejos para criar a tus hijos. Lo mismo ocurre con los hermanos y las hermanas que llegaron a esa etapa antes que tú. Y a veces esos consejos son bienvenidos (aquí va uno: cuidar a los niños gratis *siempre* es bienvenido). Pero si las sugerencias son demasiado rápidas y contundentes, no pasa nada por frenar un poco.

3 respuestas a «¿Seguro que no quieres repetir?»

«No, gracias, estoy lleno».

«La comida estaba deliciosa y mi objetivo es recordarla con cariño, no con dolor de estómago».

«Quizá no me expresé con claridad porque todavía estaba masticando el último pedazote que me pusiste en el plato, pero de verdad, ya no tengo hambre. Lo juro por el cuerpo santificado de ese pollo que asaste tan artísticamente en mi honor».

«Sé que tus intenciones son buenas, pero decirme todo lo que debería hacer, y dar a entender que lo que estoy haciendo no es suficiente, no me es de mucha ayuda en realidad».

«Valoro mucho tu opinión; pero, si te sirve de algo, también tengo ganas de resolver esto por mi cuenta».

«¡Gracias, lo tendré en cuenta!».

¡Pero son tus sobrinos!

Si, como yo, no disfrutas de estar rodeado de niños gritones con las manos pegajosas y que no se calman, es posible que tampoco disfrutes de acudir a reuniones familiares en las que ese comportamiento es habitual y, de hecho, hasta se fomenta. Es posible que tu familia lo sepa, pero de alguna manera piensa que tu aversión desaparecerá cuando se trate de sus propios hijos. No es así.

Cuando tus padres insisten:

«Te quiero, pero esto no es divertido para mí. Disfruta de tus nietos y nos vemos en otra ocasión».

Cuando tus hermanos insisten:

«Te quiero, pero ya sabes lo que pienso de los niños. Es mejor para todos que no vaya».

Ding * Ding * Ding

Ya sabes lo que significa ese sonido: llegamos al final de la primera ronda. ¡Lo estás haciendo muy bien! Trabajemos un poco con el saco ligero para que te mantengas en forma...

Ampliando horizontes: escenarios con la familia extendida

Quizá en tu árbol genealógico haya tías, tíos, primos y demás parientes que, de vez en cuando, aparecen en tu bandeja de entrada o en la puerta de tu casa pidiendo cosas que no puedes, no debes o no quieres darles. Pues bien, ¿sabes qué? Ya te proporcioné las palabras que puedes utilizar para rechazar la invitación del tío Jamal a la carne asada o la sugerencia de la prima Tammy de organizar una fiesta de aceites esenciales en tu departamento. Son las mismas palabras que puedes utilizar para rechazar las carnes asadas y las fiestas de pachuli de cualquiera:

> «No».
>
> «No, gracias».
>
> «¡Ay, ese día no puedo!».

Pero para que no parezca que evado mis responsabilidades como gurú, aquí tienes algunas frases más que puedes utilizar para darle una negativa a un familiar lejano:

> «Siento mucho no poder ir, ¡saluda a [otros familiares] de mi parte!».

«Por desgracia, los primos terceros no tienen derecho al descuento familiar. Lo sé, es muy raro, ¿no?».

«Estoy seguro de que tus hijos se verían muy lindos con sus trajes de gala en miniatura, pero nuestra boda es solo para adultos. Y sí, eso incluye a familiares».

«No te he visto en 15 años y tu sobrino ya no está casado con mi hermana, así que no, no voy a avalar tu hipoteca».

¿LA CASA DE LA PLAYA ESTÁ LIBRE ESTE FIN DE SEMANA?

Soy consciente de que es una situación privilegiada y poco habitual, pero me gusta ser minuciosa, así que ahí te va: si de pura casualidad trabajaste lo suficiente y tuviste la suerte de conseguir un bien de gran valor, NO ESTÁS OBLIGADO A PERMITIR QUE TUS FAMILIARES LO UTILICEN, NI GRATIS NI DE NINGÚN MODO. Puedes hacerlo, pero no estás obligado. Tus primos son tan propensos como cualquiera a destruir tu casa de vacaciones, descomponer tu barco o abollar las puertas de tu precioso y lujoso todoterreno. Son seres humanos, y los seres humanos cometen errores, y algunos son simplemente unos irresponsables. Quizá algunos en tu familia sean así. Si es el caso, pueden pagar una renta, contratar un seguro y dejar un depósito en garantía como el resto del mundo, o pueden aceptar un «no» por respuesta y dejar tu moto acuática intacta en tu garaje.

*Ding * Ding * Ding*

Aquí vamos otra vez. ¡Ponte los guantes!

ESCENARIO: PADRES Y HERMANOS, SEGUNDA RONDA

* Unidad. MUCHA UNIDAD.

Tu familia puede irse de vacaciones junta y rentar una cabaña grande para que todos duerman en el mismo lugar por la noche y se despierten juntos cada mañana. O tal vez simplemente se reúnen todos en casa de tus padres durante las vacaciones y lo pasan de manera tradicional. Estar juntos puede ser muy divertido. ¡Viva la unión!

Pero quizá tu tolerancia hacia el nivel de convivencia difiere de la de tus padres o hermanos. Y quizá tienes cuarenta años y te puedes permitir perfectamente un Airbnb, o tienes hijos a los que prefieres aislar en una habitación de hotel para asegurarte de que se acuestan y se quedan dormidos en lugar de jugar con sus primos hasta altas horas de la madrugada. Tal vez le comentaste esto a tus padres o hermanos y ellos se burlaron, se quedaron pálidos o dieron un grito ahogado, y luego intentaron presionarte para que hagas lo mismo que ellos, porque a ellos les funciona muy bien, aunque te deje estresado, sin dormir y sin poder hacer tu actividad matutina en paz.[53]

Si ellos lo pagan y tú no *puedes permitirte ir por tu cuenta:*

«No puedo expresar con palabras lo mucho que valoro que organices la peregrinación anual a Antelope Alley, pero debo ser sincero y claro contigo: no estoy en un momento de mi vida en el que pueda afrontar una piyamada de seis días con toda la familia. Este año no asistiré, no porque no te quiera o no aprecie tu generosidad, sino porque necesito centrarme en mi propio bienestar por ahora. Espero que lo entiendas».

Si pudieras pagar para hacer lo que a ti se te antoja, pero ellos no quieren *que lo hagas:*

«Me gustaría probar algo nuevo estas [vacaciones/fiestas]. Tener mi propio espacio para desconectar me ayuda a estar más descansado y presente durante el resto del tiempo que pasamos juntos, y eso hace que, para mí, valga la pena el gasto».

* Visitar en momentos o lugares inoportunos

Dependiendo de lo lejos que vivas de tu familia, es posible que desees evitar las visitas inesperadas a tu departamento

[53] Cagar. Estoy hablando de cagar.

o que intentes planificar encuentros que no te hagan entrar en pánico ante la posibilidad de que tus padres tengan una conversación sin supervisión con tu *roomie* en la residencia. Quizá a tu hermano le gusta aparecer en tu oficina para «pasar el rato mientras trabajas» y tu hermana tiene el don de aparecer cuando estás agobiada con la lactancia de tu nuevo bebé. Sea cual sea el caso, marcar tu territorio de forma clara y rotunda funciona para las mangostas y puede funcionar para ti:

«No me queda, pero nos vemos pronto».

«Tenemos que hablar sobre lo de "caerle", es decir, que no lo hagas, por favor».

«Preferiría verte [en algún lugar/en algún momento] en el que no me distraiga [la escuela/el trabajo/un pequeño humano mordisqueándome los pechos hinchados y adoloridos]».

NOTA EXTRA: Cuando quieren hablar por Skype o FaceTime y no se te antoja hacer una videollamada (o quizá ni siquiera quieres hablar).

«Ahorita no es un buen momento» (¿Te acuerdas de la sección de favores económicos?, ¡qué concisa!, ¡y tan versátil!).

«No me he [rasurado/maquillado/recuperado de la cruda]. No querrás ver esto y yo no quiero enseñártelo».

«Chicos, estoy desnudo».

✱ ¿Me podrían ayudar, por favor?

Reiniciar los *routers* y localizar todas esas fotos que tu madre jura que deben estar guardadas en algún lugar de la nube es un rito de regreso a casa. Las tareas domésticas ligeras también forman parte del paquete, las mismas que se esperaba que hicieras cuando vivías allí, y tal vez algunas adicionales debido a la avanzada edad de tu padre y su reducida capacidad para subirse a una escalera y cambiar un foco. O tal vez tus padres o hermanos están pasando por dificultades económicas y no se puede hacer una reparación importante en la casa a menos que tú puedas y estés dispuesto a echar una mano o pagarla. Es justo.

Sin embargo, el simple hecho de ser una visita en vacaciones, sin discapacidades, que viene de fuera de la ciudad, o alguien que vive en la misma ciudad todo el año, no significa que debas decir que sí a realizar arduos quehaceres cada vez que a tu familia le convenga. Por supuesto, pueden pedirte ayuda con labores pesadas, y tú puedes ofrecerla si quieres, pero si no puedes (pasar todo el fin de semana pintando), no debes (arriesgar tu rodilla mala en un proyecto de construcción importante) o simplemente no quieres (reemplazar la resina de la tina en Nochebuena), tienes derecho a responder con la misma moneda.

> «Veo que necesitas ayuda con esto. Empecemos por llamar a un electricista».
>
> «Te quiero, pero volver a poner los ladrillos del techo no es mi idea de pasarla bien juntos».

«No estoy de humor para podar el pasto después de pasar siete horas en el tráfico del fin de semana del Día de los Caídos, pero seguro encontraré a algún niño del vecindario que lo haga si le das cincuenta dólares y le avisas con anticipación».

* Limpieza sueca antes de morir

¿Has oído hablar de esto? Es una práctica cuyo encantador nombre hace referencia a sacar todas las cosas de tu casa cuando te das cuenta de que tus días están contados, esto con el objetivo de reducir el volumen de cosas que tu familia tendrá que clasificar después de tu muerte. Es un esfuerzo noble, pero al igual que con el orden general, esta actividad puede provocar la fiebre de dar «cosas gratis» a gente como tú. Y decir que no puede resultar difícil, porque tú estás rechazando reliquias familiares y relegando recuerdos de la infancia a la basura, mientras que tus padres están lidiando con su propia mortalidad. Entiendo que quieras facilitarles las cosas, pero no tienes ninguna obligación de aceptar o exhibir colchas feas y viejos trofeos de natación si no quieres.

«No, gracias, ¡tíralo!».

«De verdad no tengo sitio para eso».

«Oh, eso me trae recuerdos. Me alegro de que me lo hayas enseñado, pero puedes tirarlo a la basura. No me importa».

«NO» Y CAMBIO OPCIONAL:

«No quiero nada de eso, pero si quieres te acompaño mientras limpias».

✱ Deberías venir a casa más seguido

Algunos nos ponemos nostálgicos y chillones cuando recordamos el olor de la gasolinera de nuestro pueblo natal, mientras que otros dejaríamos atrás todo un hemisferio si pudiéramos. Dejando de lado por un momento la cuestión de si puedes visitar tu «hogar» más a menudo, en términos de tener los medios para hacerlo, y suponiendo que tus padres lo entienden si no lo haces, ¿qué puedes decir si *simplemente no quieres,* pero tampoco quieres herir sus sentimientos?

«Yo también te extraño, pero estoy construyendo una vida aquí y necesito centrarme en eso durante un tiempo. Por favor, no hagas que me sienta culpable».

«Hay todo un mundo que quiero ver. Espero que entiendas que, por ahora, volver [al lugar de donde viniste] no es mi prioridad».

«Los quiero, chicos, pero hay una razón por la que me fui y aún no me siento listo para volver».

OFRENDAS DE PAZ

No es necesario que sacrifiques un cordero y lo coloques en una pira frente a la fachada de tu casa, pero puedes hacer gestos hacia tu familia para suavizar cualquier malestar que pudiera haber causado tu decisión de decir que no. Pequeños gestos, como enviar postales regularmente cuando sabes que no vas a poder ir a casa durante un tiempo. Gestos medianos, como aportar una bonita canasta de frutas a la Cabaña de la Unión cuando te alojas fuera de casa. O grandes y audaces declaraciones del tipo: «¿Ves?, ¡te quiero!», como aceptar su amistad en Facebook.

*Ding * Ding * Ding*

Ya casi lo logras, campeón. Las cosas podrían ponerse un poco más tensas en la próxima ronda, y no quiero que te venza la culpa. Una última cosa que debes tener en cuenta al prepararte para el golpe final es que, por más racional y educado que sea tu «no», **tus parientes a veces lo interpretarán de manera distinta a lo que tú pretendías.**

Como cuando visito a mi hermano y a su esposa en Los Ángeles y, tras una comida épica de cinco horas, digo:

—Quiero volver al hotel.

Y él responde:

—Perfecto, nos vemos en el bar para tomar una copa.

O quizá más preocupante aún:[54]

Tú dices: «Ya no quiero ir a la iglesia contigo porque ya soy adulto, tengo mis propias opiniones y realmente no creo en la religión organizada».

Tus padres oyen: «Han criado a un hereje. Dios los juzgará duramente por eso y no me importa» o «Sé que se gastaron los ahorros de toda su vida en una escuela religiosa, pero no me molesta ni siquiera *fingir* que me trago el cuerpo y la sangre de Cristo unas cuantas veces al año».

En última instancia, no puedes controlar cómo interpretan los demás tu «no» ni cómo reaccionan ante él. Lo único que puedes controlar es tu proceso de toma de decisiones, tu forma de expresarte y tu respuesta ante la reacción de los demás. Si necesitas un repaso rápido sobre la culpa, la obligación, la honestidad y la cortesía, y sobre cómo mantenerte firme antes de volver al ring para el tercer asalto, consulta las pautas establecidas en las páginas 67, 74, 83 y 130, respectivamente.

Y recuerda: no negociamos con terroristas. Puedes con esto.

*Ding * Ding * Ding*

---

[54] Aunque, si conoces a mi hermano, sabes que deberías preocuparte MUCHO si lo dejas convencerte de tomar «una copa más».

ESCENARIO: PADRES Y HERMANOS, TERCERA RONDA

* Tiempo compartido

Cuando los padres se separan o las rivalidades entre hermanos se convierten en guerras abiertas, es posible que te veas obligado a intentar complacer a todos por igual, lo cual es tan absurdo e imposible como suena.

Si tus familiares distanciados viven cerca unos de otros y esperan que dediques cada minuto de tu fin de semana a ir de uno a otro para que ninguno se sienta excluido y tú no tengas ni un momento de paz, entonces soltarles un «¡No es mi culpa que se hayan divorciado!» es una forma de manejarlo, pero creo que todos sabemos que no se ve muy bien. ¿Qué tal algo más parecido a esto?

> «Que sea la misma cantidad de tiempo no significa que sea tiempo de calidad. Disfrutemos mientras estamos juntos».
>
> «Lo siento, ¡pero ya sabes que nunca se me han dado las matemáticas!».
>
> «Los quiero a los dos. No debería tener que demostrarlo llevando un registro del tiempo».

Sin embargo, si la disputa traspasa las fronteras estatales (o nacionales) y no puedes ni siquiera saltarla aunque quisieras, tendrás que decir «no» en diferentes códigos de área:

En vacaciones:

«No puedo pasar [las vacaciones X] con los dos, así que debo tomar algunas decisiones difíciles. Este año voy a estar con [otro miembro o miembros de la familia], ¿de acuerdo? Los quiero».

«NO» Y CAMBIO OPCIONAL:

«Este año voy a pasar [las vacaciones X] con [otros miembros de la familia]. No tengo suficiente [tiempo libre/dinero] para hacer otro viaje para verte, pero si tienes la oportunidad de venir a mi casa, sería increíble».

En general:

«Los quiero a los dos; pero, por desgracia, tengo un límite en cuanto al [tiempo/energía/dinero] que quiero dedicar a planificar y llevar a cabo el doble de viajes y recibir visitas para adaptarme al hecho de que [mis padres están divorciados/mis hermanos no se llevan bien/etc.]. Tengo que poner un límite en algún sitio y siento que esto es lo que debo hacer».

✱ ¿No podemos llevarnos bien todos?

Las discusiones y los malos momentos son una cosa, pero algunas disputas familiares son demasiado intensas como para que las personas enojadas entre sí se besen y hagan las paces, o incluso para que estén juntos en la misma habitación. Tu padre quizá desearía que perdonaras a tu madre por su abuso emocional, como él lo hace, o que ignoraras los comentarios sexistas de tu hermano en lugar de leerle el manifiesto de Pussy Riot durante la cena. Pero pedirte que pases por alto o aceptes un mal comportamiento es solo eso: una petición. Puedes decir que no de varias maneras (incluso alejándote por completo de esas situaciones):

> «Yo manejo mi relación con [miembro de la familia] de manera diferente a como lo haces tú, y eso está bien».
>
> «Sé por qué quieres que lo deje pasar, pero no lo voy a hacer».
>
> «No puedo estar cerca de [miembro de la familia] en este momento sin que las cosas se pongan tensas, así que voy a tomarme un tiempo por el bien de todos».

✱ Costumbres o tradiciones que no te gustan, en las que no crees o con las que no estás de acuerdo

«Aquellos a los que hay que obedecer» pueden haberte educado en una fe o doctrina o con tradiciones culturales que, como adulto, decidiste que no son realmente «lo tuyo», a tal punto que te resulta, en el mejor de los casos, desagradable participar en ellas y, en el peor, agresivamente repulsivo o devastador. Me refiero a cualquier cosa, desde prácticas religiosas como rezar antes de comer o seguir una dieta kosher hasta actividades familiares seculares que se han vuelto cada vez más desagradables con la edad. Cantar villancicos con suéteres a juego entra, sin duda, en esta categoría. Afortunadamente, es posible seguir respetando a tus seres queridos sin verte envuelto en algo que ya no te gusta (si es que alguna vez lo hizo). Por ejemplo:

> «Creo que este es el año en que voy a decir adiós a [costumbre/tradición/ritual/práctica], pero ustedes disfruten y ya nos veremos [antes/después/otro momento]».
>
> «Entiendo por qué quieres que forme parte de esto, pero ya no es lo mío. Creo que lo mejor es que cada uno haga lo que más le conviene. ¿Te parece justo?».
>
> «No quiero participar en [costumbre/tradición/ritual/práctica], pero respeto tu deseo de hacerlo».

No-Tip: No, ¡pero hazlo con un pictograma! Usa emojis para que tus negativas sean breves, diplomáticas y desarmantes. «Prefiero atragantarme con un huevo duro antes que asistir a los servicios religiosos de Pascua» se convierte en «¡Este año no puedo! [conejo] [jamón] [cara triste]».

✱ ¿Podrían moderarse un poco?

Del mismo modo que tú eres capaz de respetar el estilo de vida de tu familia sin tener que compartirlo necesariamente, no hay razón para que ellos no puedan aceptar tus *piercings* faciales, tus elecciones en materia de moda o tu estética vanguardista en general (por Dios, ¿por qué guardaron tus dientes de leche si no querían que hicieras un collar con ellos?). En momentos como estos, el líder indiscutible en respuestas rotundas es el siguiente:

> «Lo siento, chicos, así soy yo».

Pero supongamos que la petición de tu familia de que te reprimas va más allá de pedirte que no te pongas tu piyama de Steve Buscemi[55] en la fiesta de jubilación de tu padre.

---

55 Steven Vincent Buscemi, más conocido como Steve Buscemi, es un actor, productor y director de cine y televisión estadounidense.

Por ejemplo, tal vez tus padres afirman que aceptan tu orientación sexual, pero te piden que no hables de ella delante de sus amigos, o dicen que les agrada tu pareja, que es de otra raza o religión, pero te piden que no la lleves a la boda de tu primo Kim.

Como mujer cis, blanca y heterosexual con padres liberales que no desaprueban abiertamente ni me regañan por mis decisiones de vida, admito que no tengo mucha experiencia práctica en relaciones familiares de este tipo. Pero no necesito haberme visto directamente afectada por la intolerancia y los prejuicios para decir esto:

No estás *obligado* en modo alguno a cambiar u ocultar tu estilo de vida para adaptarte a las opiniones o creencias miopes de los miembros de tu familia. Son ellos quienes están haciendo exigencias poco razonables y TÚ tienes derecho a rechazarlas.

En su lugar, prueba algo como esto:

> «Si digo que sí, me va a doler mucho más que si digo que no. Así que no».
>
> «Me sorprende y me decepciona que me pidas eso, y me temo que no puedo hacerlo».
>
> «Quiero creer que no entiendes el impacto que tu petición tiene en mí, y espero que lo reconsideres y te retires».

Y si tu familia tiene opiniones tan severas o radicales sobre tu estilo de vida al grado de que te sientes inseguro al expresarte o al defenderte y decirles que no, espero que algún día encuentres otro libro, o un terapeuta, o un consejero o un miembro de tu «familia elegida» que pueda ayudarte a salir de esas relaciones de una manera segura y saludable.

Te apoyo, y apuesto a que Steve Buscemi también.

✱ La carta del «algún día estaré muerta/muerto»

Ah, la mortalidad como motivador fuera de lugar. Siempre había pensado que apretarte el pecho con las manos, suspirar dramáticamente y aludir a tu muerte inevitable para conseguir que tus hijos hicieran lo que tú querías era algo propio de los guiones de las telenovelas hasta que vi a alguien hacerlo con mis propios ojos. Carajo, eso sí que es hacerte sentir culpable de una forma descarada. Ponle fin a eso con unas últimas palabras adecuadas:

> «Te quiero, pero mi respuesta es "no". Y para tu información, esa no es la forma correcta de convencerme para que haga algo por ti».

NO-NOTAS: EDICIÓN FAMILIA

¡Aquí vamos otra vez, y por última ocasión! Prepárate para adaptar tus diversos, variados y eminentemente justificables «noes» a una explicación única para algunas de las personas más especiales —y especialmente exigentes— de tu vida. Necesitarás:

- Un saludo (por ejemplo, «Querido» u «Hola») y el nombre o apelativo de tu familiar (por ejemplo, «Walter» o «papá»).
- Su petición/demanda/oferta.
- Una frase para satisfacer su petición/demanda/oferta (por ejemplo, «aceptaré tu oferta» o «estaré ahí para ti»).
- Una razón por la que no puedes hacerlo (opcional).
- Un adjetivo que sea lo contrario a como crees que se sentirá cuando le digas que no.
- Una alternativa a su petición (opcional).
- Una frase que exprese decepción (por ejemplo, «Qué lástima», «Qué mal» o «¡Mierda!»).
- Un verbo con connotación positiva que describa tus sentimientos hacia este familiar.

Si no puedes

_______________, ojalá
Saludo apropiado para este miembro de la familia y su nombre

pudiera _______________, pero
frase para satisfacer su solicitud/demanda/oferta

tristemente no puedo [_______________]. Por
porque razón por la que no puedes

favor, _______________. ¡Te quiero!
adjetivo opuesto a cómo crees que se sentirá

P.D. Quizá podríamos _______________ en algún
alternativa a su petición

momento.

Si no debes

_______________, pero tendré que decir que no a
Expresión de decepción

_______________. Espero que lo entiendas,
petición/demanda/ofrecimiento

¡no quiere decir que no _______________
verbo que describa tus sentimientos

_______________!
por él/ella

Si simplemente no quieres

Tengo que decir que no a _______________. ¡Pero
petición/demanda/ofrecimiento

te quiero! Hablamos pronto. ¡Besos!

EPÍLOGO

Bueno, ahí lo tienes, fanático del «no». Según mis cálculos, te proporcioné más formas de decir «no» por centímetro cuadrado que las que hay en la Biblia. Si *Aprende a decir no de una p*nche vez* fuera un rapero, sería Lil Wayne. Compacto, pero prolífico.

¿Hay escenarios que no abordé? Sin duda. Intenté ser creativa e inclusiva, pero si algo he aprendido como autora es que nunca se sabe de qué manera puedes decepcionar profundamente a la gente e inspirarla a pedir que le devuelvan su dinero. Así que espero que, si no encontraste en estas sagradas páginas el tema *específico* que buscabas, al menos hayas aprendido muchas técnicas, estrategias y consejos generales con los cuales abordarlo.

Recuerda: **«¡Ay!»** es muy versátil; el **«No» y cambio** es una opción increíble para tu próximo «no»; las ***No*-notas** son tu arma secreta; y no te olvides de los **condimentos para los**

cumplidos: una cucharada de «No puedo creer que me voy a perder tu legendario pastel de salmón» nunca falla para suavizar lo negativo.

Creo que estamos cubiertos en lo que respecta a dar un «no» como respuesta. Pero, y esto es solo una hipótesis, ¿qué pasa cuando se trata de *aceptar* un «no» por respuesta de TI MISMO?

No siempre se puede conseguir lo que se quiere: una parábola

Había una vez un narrador que viajaba en metro a esa hora de la mañana en la que parece que todos los habitantes de Nueva York están apretados en un burrito de acero humeante que se balancea bajo tierra a un ritmo y una temperatura desesperadamente irregulares para dejar a la mayoría en los lugares que más odian en el mundo. Lo único bueno de empezar mi trayecto diario al trabajo, 15 paradas después de Brooklyn, era que a veces conseguía un asiento a mitad de camino, cuando una gran oleada de *lemmings* abandonaba la zona sur de Manhattan. Ese era un día bendito.

O al menos así fue hasta que se escuchó un gemido entre la multitud.

¿Era un octogenario con un ataque al corazón? No. ¿Alguien había visto una rata? No. ¿Era un fanático de los Mets desesperado? La más probable de todas las posibilidades, pero tampoco. El culpable era un niño de 5 o 6 años con el cabello del color del óxido y un deseo apasionado de sentarse.

Su campaña había comenzado aproximadamente cinco minutos antes con una petición repetitiva, pero en voz baja («Papá, quiero sentarme»), que se transformó en un estridente y continuo detector de monóxido de carbono humano:

—Papá, quiero sentarme, papá, quiero sentarme, papá, quiero sentarme.

—No —dijo el papá, que estaba de pie en la puerta ubicada enfrente de mí, sujetando la mano del niño con una mano y un ejemplar del *Wall Street Journal* con la otra. —De todos modos, ya casi nos vamos a bajar.

Hicimos otra parada o dos durante las cuales subieron aún más personas al vagón y se apretujaron en una miseria compartida. Fue entonces cuando el niño redobló sus esfuerzos con una ferocidad ensordecedora, la cual no era poca cosa teniendo en cuenta que la mayoría de nosotros ya habíamos recalibrado nuestras trompas de Eustaquio mientras permanecíamos en un túnel a cientos de metros bajo el río Este.

—¡PAPÁ! ¡QUIERO SENTARME!

Una mujer (no yo) le ofreció su preciado asiento de plástico, quizá por amabilidad, pero más probablemente porque tenía la esperanza de ponerle fin al alboroto. El papá rechazó el gesto con elegancia:

—Solo nos quedan un par de paradas. Gracias, pero no es necesario. Él estará bien.

El hijo de Chucky seguía sin convencerse de que todo volvería a estar bien y soltó un último aullido que amenazaba con arrancarle al metro los anuncios de la clínica dermatológica del doctor Zizmor como si fueran una exfoliación con ácido glicólico.

—¡PAPÁÁÁÁÁÁÁÁÁÁÁÁ, QUIERO SENTARMEEEEEEEEEEEEE! —gritó el niño.

Aunque la gente estaba apretujada entre nosotros como espárragos en el supermercado Trader Joe's, yo estaba a la altura de los ojos de ese pequeño tirano. Por un momento, la multitud se abrió lo suficiente como para que pudiera mirarlo directamente a la cara y decirle:

—¿Te digo algo, amiguito? Yo quiero que dejes de gritar, pero no siempre conseguimos lo que queremos.

Él me devolvió la mirada con la boca abierta cuan mero recién pescado y no volvió a emitir ni un solo sonido durante el resto del trayecto.

Fin.

* * *

Quizá te preguntes por qué elegí este hilo en particular para hilvanar el final de mi oda al no cuando, técnicamente, no *le dije que no* al pequeño tonto. Tampoco estoy especialmente orgullosa de cómo manejé la situación que, si soy sincera, fue más propia de la película *Mamita querida* que de la tía Sarah y, por lo tanto, se situó en el extremo equivocado de mi espectro de cortesía preferido. Y no es para demostrar una vez más mi habilidad para hacer que los hijos de los demás se comporten, aunque hay que reconocer que se me da muy bien.

No, voy a terminar *Aprende a decir no de una p*nche vez* con esta historia porque, al final, el pequeño granuja *hizo caso.* No solo dejó de gritar, sino que, alabadas sean las ratas del metro, el doctor Zizmor y los Mets del 86, abandonó por completo su misión.

Todos podríamos aprender un par de cosas de ese mero gritón.

¿Preguntar? Por supuesto.

¿Negociar con firmeza? ¡Por supuesto!

Pero al final, no necesariamente obtendrás lo que quieres. A veces tendrás que callarte y aguantarte. En ocasiones tendrás que aceptar un «no» por respuesta.

Por suerte, todas las teorías, técnicas y anécdotas picantes que presenté en este pequeño y sexy manual para *hapana*[56] te prepararon para ese resultado.

Sí. Todo este tiempo, *Aprende a decir no de una p*nche vez* **no era solo para los detractores en ciernes, sino también para los que escuchaban con escepticismo.**

¿No te puedes dar el lujo de aceptar ese trabajo por el sueldo que te ofrecen? Es totalmente comprensible; solo prepárate para aceptar la misma explicación de tu compañero de trabajo que no te deja comprar esos boletos para los *playoffs* por menos del precio de venta. ¡Así es la vida!

¿No deberías comerte el guisado de carne que tu mujer preparó con tanto esmero porque mañana te toca tu revisión médica anual? No pasa nada. Seguramente no te enojarás

[56] Esta palabra significa «no» en suajili.

cuando tu hija no pueda hablar por Skype con ustedes después de cenar porque tiene que ir a comprar condones antes de su cita de esta noche. ¡Todos tenemos nuestras prioridades!

¿No quieres unirte a tus amigos políticamente activos en una manifestación? Carajo, no pasa nada. Pero, por favor, respeta también los deseos de la próxima persona que se niegue a participar en tu causa favorita. No todo el mundo puede, debe o quiere salvar a las serpientes marinas de hocico corto en peligro de extinción. ¡Cada uno es libre de hacer lo que quiera!

¿Ves lo que hice?

Tu vida mejorará enormemente si aprendes a aceptar un «no» con la misma lucidez y serenidad con la que pasé las últimas 306 páginas enseñándote a decirlo. Y también mejorarán las vidas de las personas que te importan, con las que vives y trabajas, y que solo quieren tomar el metro cada mañana sin incidentes.

Podrías empezar poco a poco añadiendo un «¡Sin presiones!» a la próxima invitación que hagas. Alguna frase del tipo: «Me encantaría verte, pero entiendo si no puedes» aliviará de antemano cualquier sentimiento de culpa que puedan tener tus invitados si deben decir que no. También es un buen mantra que puedes adoptar como anfitrión: una forma de ver todas tus fiestas, eventos, cenas y celebraciones como algo divertido, agradable, exitoso y encantador, incluso si no todas las personas a las que invitaste pueden asistir, y especialmente si todos los que asisten lo *hacen* SIN NINGÚN TIPO DE PRESIÓN.

¿No sería agradable?

Además, quizá deberías pensarlo dos veces antes de pedir el próximo favor. No digo que nunca debas pedir ayuda, solo sugiero que reflexiones brevemente sobre si es razonable lo que vas a pedir y a quién. ¿Le estás pidiendo diez mil dólares a tu tía rica para poner en marcha tu *food truck* de comida sueca? ¿Ya tienes un plan de negocio sólido que compartir con ella? ¿O solo buscas que un amigo de un amigo te presente a alguien para proponerle discretamente que invierta en MeatballMobile?

Haz una pequeña visualización del «trata a los demás como te gustaría que te trataran a ti». ¿Te resultaría muy molesto o profundamente desagradable que te pidieran el mismo favor? No hay una respuesta correcta: podrías ser un pariente rico que no le prestaría 10 000 dólares ni siquiera a su sobrino favorito, o podrías ser un conector gladwelliano[57] que da su información de contacto como si fuera mermelada de arándanos sin cargo extra.

Simplemente, piénsalo.

Si decides seguir adelante, ten en cuenta que comenzar tu petición de favor con «Entiendo perfectamente si no puedes ayudarme con esto» es en realidad un método eficaz para *conseguir* que alguien te ayude. En su libro *Influencia: la psicología de la persuasión*, el doctor Robert B. Cialdini señala que la «reciprocidad» y el «agrado» son dos principios que te serán

---

[57] «Gladwelliano» se refiere a lo relacionado con Malcolm Gladwell, un escritor y periodista canadiense conocido por sus libros de no ficción sobre temas de sociología, psicología y cultura. (*N. de la t.*).

muy útiles en este sentido: básicamente, si eres amable al pedir algo, es más probable que la gente sea amable al concedértelo.

O al menos, es más probable que se molesten menos o nada por *haberles* preguntado, lo cual es bueno para mantener relaciones cordiales con amigos, familiares, compañeros de trabajo y personas prácticamente desconocidas.

Cuando pidas permiso, respeta los límites de los demás. No es tan difícil.

En situaciones profesionales, juega para ganar, pero prepárate para aceptar la derrota con elegancia. Quizá no consigas el aumento, el ascenso, el rendimiento o el precio que esperabas, pero esto es un juego largo. Ser cortés, respetuoso y mantener la calma ante un «no» podría, sin problemas, darte una segunda oportunidad para conseguir un «sí». Y evita que el resto de nosotros tengamos que chismear y poner en la lista negra a ese jefe, compañero, cliente o proveedor que se enoja cada vez que no consigue lo que quiere. Sé adulto y sigue adelante.

En las relaciones románticas, reconoce que tu «media naranja» es un individuo con derechos propios. A veces puedes seguir tu propio camino y dejar que el otro siga el suyo.

Y, por último, disfruta de tus momentos con tu familia. No les guardes rencor por las horas, los días o las vacaciones de primavera que no pueden, no deben o no quieren pasar juntos. Lo único que conseguirás es envenenar el tiempo que comparten y hacer que quieran *pasar aún menos tiempo contigo,* acosándolos, sermoneándolos o guardándoles rencor en silencio por las decisiones que tomaron en su vida en lugar de disfrutar de lo que podría haber sido una agradable comida o una partida de Scrabble.

Mi objetivo siempre ha sido que desarrolles una nueva apreciación del «no» desde *todos los ángulos*. Espero que *Aprende a decir no de una p*nche vez* te haya dado la confianza y el lenguaje para expresarlo, pero también la actitud y la perspectiva para poder escucharlo y tomarlo en serio. Cuanto más expresemos y recibamos «noes» reflexivos y necesarios, más viviremos con honestidad, cortesía y respeto, tanto nosotros como los demás.

Experimentaremos más alivio y menos culpa, lo que nos llevará a interacciones más placenteras y menos onerosas.

Estaremos agradecidos por el éxito y preparados para la decepción.

Nos valoraremos a nosotros mismos y a los demás como merecemos ser valorados: cada uno como individuos con dificultades, necesidades y deseos únicos que no coinciden, ni se puede esperar que coincidan perfectamente con los de los demás en todo momento.

Esta es la alegría del no. Apréndela. Vívela. Y, por el amor de Dios, **DILO.** Te alegrarás de haberlo hecho.

DEJA DE DECIR QUE SÍ

CUANDO QUIERES DECIR: ¡POR SUPUESTO QUE NO!

AGRADECIMIENTOS

Durante cinco guías para mandar todo a la mierda (GMTM) he tenido el privilegio de trabajar con el mismo grupo central de talentos fenomenales en mi agencia literaria y con mis editores de Estados Unidos y Reino Unido. Los cuatro somos básicamente los U2 de la edición: con muy pocas probabilidades y de manera notable, seguimos fuertes en una industria plagada de cambios.

Y sí, tengo ideas sobre qué miembro específico de U2 sería cada uno de nosotros, y no, no voy a publicarlas. Nunca se sabe si a alguien le molestaría mucho ser Larry Mullen Jr.

Mucho antes de que las GMTM fueran siquiera una idea en mi mente, y muchos años antes de que Jennifer Joel fuera nombrada codirectora de toda la división editorial de ICM Partners (¡Bravo, JJ!), mi futura agente me dijo que le llevara cualquier cosa que quisiera escribir. «Estaba segura de que tenías un libro en tu cabeza», me dijo. La primera idea que le lancé fue una parodia llena de peladeces de una guía japonesa sobre cómo ordenar la casa, y ni siquiera se inmutó, porque es una jefa implacable (véase en el hecho de que recién fue nombrada codirectora de ICM Partners) y también muy buena prediciendo éxitos de ventas. Le debo mi carrera y le agradezco cada día su orientación, su amistad y su excelente gusto para elegir vinos para celebrar.

Cuando era una recién llegada al departamento editorial de Little, Brown and Company, Michael Szczerban adquirió los derechos de *La magia de mandar todo a la chingada* y hoy es el editor hijo de puta de su propia editorial. Mi trabajo volvió a prosperar en sus manos expertas, pero esta vez añadimos a la portada *su* criatura, Voracious Books. Felicidades, Mike, y gracias por tu continuo apetito por las idioteces, los juegos de palabras y las palabras compuestas inventadas.

La primera comunicación que recibí de mi editora en el Reino Unido, Jane Sturrock, contenía las palabras «Vamos, en serio, a la chingada el yoga». Supe desde ese momento que haríamos un gran equipo, pero no podía imaginar que, años más tarde, estaríamos en lo alto de Carmelite House, en Londres, brindando por un millón de ejemplares vendidos y con un futuro prometedor. Además de su visión y perspicacia, te diré que Jane es la responsable de todas las partes de mis libros en las que podrías haber pensado: «Vaya, eso fue un poco despiadado, incluso para Sarah Knight», pero en lugar de eso, solo asentiste y te reíste porque ella ya me había sugerido educadamente que suavizara un poco el tono antes de que se imprimiera. Una auténtica agente secreta. Gracias, Jane.

También estoy infinitamente agradecida con los respectivos compañeros de trabajo de Jenn, Mike y Jane (ninguno de los cuales, estoy segura, se aprovecharía jamás de la bondad de los demás para terminar un proyecto porque estaban demasiado crudos como para hacerlo ellos mismos). Ellos son Loni Drucker, Josie Freedman, Cara Hayes, Tia Ikemoto, Lindsay Samakow y Sarah Wax, de ICM Partners.

Ben Allen, Reagan Arthur, Martha Bucci, Sabrina Callahan, Raylan Davis, Nicky Guerreiro, Lauren Harms, Brandon Kelley, Laura Mamelok, Suzanne Marx, Katharine Meyers, Meg Miguelino, Amanda Orozco, Deri Reed, Imani Seymour, Kim Sheu y Craig Young, de Little, Brown and Company y Voracious Books; Lisa Cahn, mi productora en Hachette Audio; Patrick Smith, mi director; y Patrick Geeting, mi editor de audio en Audiomedia Production.

Katya Ellis, Charlotte Fry, Elizabeth Masters, Laura McKerrell, Ana McLaughlin, Dave Murphy y Hannah Winter en Quercus Books.

Y a la gente de Hachette Canadá, Australia y Nueva Zelanda que ha estado conmigo desde el principio y ha ayudado a que las GMTM lleguen a las listas de libros más vendidos en todos y cada uno de los malditos hemisferios.

¡Gracias a todos, desde el fondo de mi Aperol Spritz!

Más allá de la ayuda profesional de mi equipo editorial, recibo apoyo diario de lectores como tú y Halle Berry, que publican fotos y me envían mensajes directos, correos electrónicos e historias de Instagram diciéndome lo mucho que les gustan las guías para mandar todo a la mierda, o que su perro se comió una de ellas. Lo agradezco de verdad. Incluso agradezco los mensajes de odio ocasionales, porque me mantienen alerta y me dan algo sobre lo cual tuitear con rencor, que es uno de mis pasatiempos favoritos.

También me gustaría dar las gracias a mis padres, Tom y Sandi Knight, ambos profesores de primaria jubilados, de quienes debo haber heredado de alguna manera mi habilidad para hacer que los niños se comporten, aunque haya desarrollado mi propio estilo a lo largo del camino. Lo juro, es mi propio estilo. El señor y la señora Knight no hicieron carreras largas y distinguidas gracias a las prácticas poco ortodoxas que detallo en este libro.

Por último, gracias a Judd Harris: esposo, *webmaster*, chef personal y padrastro de gatos a pesar de sí mismo. Sus contribuciones entre bastidores a las GMTM son innumerables. Él bautizó el método #NoMeArrepiento, nos proporcionó a todos las políticas personales y, cada vez que necesito otro ejemplo de «algo a lo que podrías decir que no, que no esté relacionado con el trabajo ni la familia y que no sea comida, porque acabo de hacer una broma sobre los Doritos en este párrafo», puedo contar con que me enviará una lista de opciones por mensaje de texto en menos de diez minutos. Y también con que me traerá un plato con Doritos.

¡Sí, amor! ¡Lo hicimos de nuevo, carajo!

ACERCA DE LA AUTORA

Sarah Knight es editora y escritora graduada *cum laude* de la Universidad de Harvard. Vive en Brooklyn (cuando el clima es cálido en Nueva York) y en República Dominicana (cuando no lo es) con su esposo y su maleducado gato, Doug. En 2015 dejó su trabajo en una importante editorial para lanzarse como escritora independiente, un giro que le permitió preocuparse menos por cuestiones como el crudo invierno, las juntas, la vestimenta formal, y muchas chingaderas más que no fueran tomar el sol y beber mojitos.

@MCSnugz

@sarahknightauthor